COMPREENDER E APLICAR
SUN TZU

Pierre Fayard é professor titular na Universidade de Poitiers, França, e atual diretor do Centro Franco-brasileiro de Documentação Tecnológica e Científica (CenDoTeC), localizado na Cidade Universitária de São Paulo. Em 1996, participou da criação do primeiro mestrado profissional francês em inteligência econômica, que dirigiu entre 1998 e 2001, e onde lecionou a abordagem comparada das culturas da estratégia, e particularmente a chinesa. Entre as obras publicadas estão, além deste original:

FAYARD, P. *La communicación pública de la ciencia*: hacia la cidad del conocimiento. Mexico: UNAM, 2005.

FAYARD, P.; GÉHIN, J.P.; BENOIT, D. *L'impossible formation à la communication*. Paris: L'Harmattan, 2002.

FAYARD, P. *O jogo da interação*: informação e comunicação em estratégia. Caxias do Sul: EDUCS, 2000.

FAYARD, P. *La maîtrise de l'interaction*: l'information et la communication dans la stratégie. Paris: Editions Zéro Heure Editions Culturelles, 2000.

FAYARD, P. *Le tournoi des dupes*. Paris: L'Harmattan, 1997.

FAYARD, P. *Manager par la création de connaissance:* l'exemple japonais. No prelo.

F282c	Fayard, Pierre
	     Compreender e aplicar Sun Tzu : o pensamento estratégico chinês : uma sabedoria em ação / Pierre Fayard ; tradução Patricia Chittoni Ramos Reulliard. – Porto Alegre : Bookman, 2006.
	     120 p. ; 23 cm.
	
	     ISBN 978-85-363-0671-1
	
	     1. Administração – Estratégia. 2. Administração – Liderança. I. Título.
	
	                    CDU 658.012.2

Catalogação na publicação: Júlia Angst Coelho – CRB 10/1712

PIERRE FAYARD

COMPREENDER E APLICAR
SUN TZU
O PENSAMENTO ESTRATÉGICO CHINÊS: UMA SABEDORIA EM AÇÃO

Tradução:
Patrícia Chittoni Ramos Reuillard

Revisão:
Pierre Fayard

Reimpressão 2007

2006

©2006, Artmed Editora S.A.

Publicado originalmente em 2004 sob o título
Comprendre et appliquer Sun Tzu. La pensée stratégique chinoise: une sagesse en action.

Capa: *Paola Manica*. A tradução literal dos ideogramas da capa é: o pensamento estratégico chinês.

Supervisão editorial: *Arysinha Jacques Affonso*

Editoração eletrônica: *Laser House*

Reservados todos os direitos de publicação, em língua portuguesa, à
ARTMED® EDITORA S. A.
(BOOKMAN® COMPANHIA EDITORA é uma divisão da ARTMED® EDITORA S.A.)
Av. Jerônimo de Ornelas, 670 - Santana
90040-340 Porto Alegre RS
Fone (51) 3027-7000 Fax (51) 3027-7070

É proibida a duplicação ou reprodução deste volume, no todo ou em parte, sob quaisquer formas ou por quaisquer meios (eletrônico, mecânico, gravação, fotocópia, distribuição na Web e outros), sem permissão expressa da Editora.

SÃO PAULO
Av. Angélica, 1091 - Higienópolis
01227-100 São Paulo SP
Fone (11) 3665-1100 Fax (11) 3667-1333

SAC 0800 703-3444

IMPRESSO NO BRASIL
PRINTED IN BRAZIL

*A Marc-Aurèle e a Gala e
em memória de Antonin.*

SUMÁRIO

INTRODUÇÃO   9
Na China, a virtude é estratégica   11
O estratagema como uma arte dominante   15
O clássico dos Trinta e Seis Estratagemas   18

PARTE I
ESTRATAGEMAS DA HEGEMONIA

1 ESCONDER NA LUZ   25
2 A ÁGUA EVITA AS ALTURAS   31
3 O POTENCIAL DOS OUTROS   37
4 OS VASOS COMUNICANTES   43
5 O CAOS FÉRTIL   47
6 A ESTRATÉGIA ADORA O VAZIO   51

PARTE II
ESTRATAGEMAS DO FIO DA NAVALHA

7 CRIAR A PARTIR DO NADA   57
8 VENCER NA SOMBRA   63
9 APROVEITAR-SE DA CEGUEIRA   68
10 O SORRISO DO TIGRE   73
11 GANHA QUEM SABE PERDER   77
12 A SORTE SE CONSTRÓI   83

PARTE III
ESTRATAGEMAS DE ATAQUE

13	A TENAZ DOS ELOGIOS	89
14	O POTENCIAL DO PASSADO	93
15	A VITÓRIA PELA SITUAÇÃO	97
16	SOLTAR PARA PEGAR	101
17	CHUMBO POR OURO	105
18	O PEIXE APODRECE PELA CABEÇA	109

CONCLUSÃO
GRANDEZA DA FUGA   113

BIBLIOGRAFIA   117
China e estratagemas   117
Estratégia   119

INTRODUÇÃO

Dizer que *a arte da guerra é como a água que evita as alturas e preenche os vazios* é uma coisa, interpretar essa fórmula como uma exortação a evitar as resistências e a se conformar aos contornos de uma situação para progredir inexorável e gradativamente é outra! Hoje em dia, são incontáveis as referências e as citações extraídas do clássico de Sun Tzu, *A Arte da Guerra*[1], escrito, no entanto, mais de quatro séculos antes de nossa era. No início deste milênio e em todos os continentes, um número cada vez maior de políticos, empresários, administradores, militantes, militares ou simples cidadãos confessa tê-lo eleito seu livro de cabeceira. Dentre eles, figura o próprio Luiz Felipe Scolari, que levou a seleção brasileira de futebol à vitória em 2002! Entretanto, entre o fascínio intelectual, até poético, e a aplicação de seus princípios e recomendações, tanto na análise quanto na execução, deve-se constatar que não é muito fácil transpor a dificuldade.

Diferentemente da China, a tradição ocidental atribui espontaneamente uma representação direta e visível da estratégia ou da ação. É por essa razão que a compreensão de Sun Tzu precisa de chaves próprias e de imagens familiares e explicadas para dar a perceber e integrar as orientações específicas do pensamento estratégico chinês *clássico*. É a este ajuste que este livro pretende convidar, além da ambição de enriquecer a maneira de apreender a realidade em todo o seu potencial e de exercer a vontade. A noção de *potencial* é essencial no pensamento estratégico chinês. Ela recobre todo o leque das possibilidades de uma determinada situação devido à sua dinâmica própria e aos recursos que encerra. Por isso, a arte do estrategista busca identificá-lo e compreender seus mecanismos subjacentes a fim de explorá-los colocando-os a serviço de

---

[1] A primeira edição desta obra na Europa, elaborada pelo jesuíta francês Padre Jean Joseph Marie Amiot, remonta a 1772.

seus projetos. Esse esforço é tanto mais atual porque as redes, os fluxos, os intercâmbios e as transformações contínuas se encontram igualmente no coração da cultura chinesa e da sociedade do conhecimento no contexto de uma interdependência crescente das nações e das economias.

A cultura estratégica da China tradicional é profundamente marcada pelas características físicas e demográficas de um vasto país cuja história se conta em milênios e a população, em centenas de milhões. Para sobreviver e alcançar objetivos na China de ontem e de hoje, dois princípios chaves se impõem: a *economia* e a *harmonia*. A gestão correta dos recursos para si mesmo e sua ruína eventual para o *outro*, se for um opositor, constituem aqui um pivô da relação estratégica e do trabalho da interação das vontades[2]. Aquele que souber otimizar o uso dos meios é considerado sábio e virtuoso. Sua eficácia é ainda mais celebrada porque mobiliza mais recursos externos do que seus recursos pessoais: os de colaboradores, concorrentes, e até dos inimigos, por meio de subterfúgios e outros estratagemas.

Toda a história da China gira em torno da conquista e da preservação do Estado enquanto unidade ou organismo que funciona e regula os intercâmbios de maneira suficientemente harmoniosa para assegurar a perenidade. Até mesmo nos períodos difíceis, chamados de *Reinos Combatentes*, em que os senhores da guerra disputavam entre si o espaço do país, a referência continuava sendo a unidade do Império a ser reconstruída sobre novas bases. A arte de durar é o cerne desta cultura da estratégia, a tal ponto que os chineses conseguiram converter tempo em espaço, transformando derrotas temporárias em vitórias territoriais por meio da sinização de seus conquistadores mongóis e manchus. Hoje, uma parte da Mongólia é chinesa, e a Manchúria o é integralmente. No Império do Meio, termo usado pela própria China antiga para se qualificar, a raridade relativa dos recursos contrasta com uma grande habilidade para utilizar o tempo. É nessa dimensão temporal que os chineses são especialistas e logram uma liberdade de manobra, tirando proveito da mudança das circunstâncias.

---

[2] Ver Beauffre (1985), para quem a essência da tarefa do estrategista consiste em dominar a dialética dessa interação no tempo e no espaço: "o partido que tiver a visão mais clara desse choque de vontades e que dominar melhor sua interação será vitorioso". A escola francesa da estratégia considera essa interação como a própria essência da estratégia.

Na China, a virtude é estratégica!

Assim como o jogo de origem chinesa *wei chi*, mais conhecido sob o nome japonês de *go*, o domínio do território é sinônimo de vida na China. A segurança da criação, da manutenção ou da expansão dos territórios depende, acima de tudo, da solidez e da confiabilidade das *comunicações* internas e entre seus elementos constitutivos. Aqui, as relações são mais importantes que os próprios componentes. Para o autor do mais antigo tratado de estratégia da humanidade, Sun Tzu[3], contemporâneo do grego Tucídides, a qualidade dos laços entre o general e suas tropas, ou entre o príncipe e seus súditos, é a melhor garantia da invencibilidade.

Os intermediários desempenham um papel preponderante na cultura estratégica chinesa, pois representam articulações essenciais, elementos pivôs da estabilidade ou de seu contrário, o desequilíbrio. Para garantir a invencibilidade, tarefa primeira do estrategista segundo Sun Tzu, ele deve dedicar-se a compor um tecido de relações legítimas e ritualizadas que estruture, em um conjunto coerente e reativo, um exército, uma empresa ou um país. A invencibilidade não depende prioritariamente do acúmulo de recursos físicos ofensivos e defensivos, mas da confiança que une um poder, reconhecido como justo e legítimo, a seus súditos ou administrados. Na falta disso, aquele que pretende possuir a força não passa, em última análise, segundo a expressão de Mao Tse-tung, de um *tigre de papel*[4]: tem toda a aparência da força do tigre, mas sua realidade é tão vulnerável quanto o papel que se amassa, rasga ou queima tão facilmente.

É por isso que um soberano, ao compartilhar verdadeiramente as dificuldades e as alegrias de seu povo, tem a garantia da solidez de seu apoio. Uma vez adquirida a invencibilidade graças a uma harmonia interior na organização e à excelência da administração, os erros adversos oferecem oportunidades de ganhos ou vitórias. Assim como a qualidade das comunicações constitui a força real, seu contrário engendra a fraqueza, e é isso que o estrategista revela ou suscita em seus adversários ou concorrentes. Quanto mais defeituosas forem as relações entre os componentes do edifício social

---

[3] Igualmente o mais lido e citado no mundo inteiro hoje em dia.
[4] Na época do maoísmo triunfante e da Revolução Cultural chinesa, essa expressão designava os Estados Unidos, taxados de imperialistas.

adverso, mais ele desperdiçará seus recursos e, conseqüentemente, mais se afirmará a vantagem do estrategista virtuoso. De fato, na China, a virtude é estratégica!

Harmonia e *economia* permitem durar, defender-se e conquistar. São desenvolvidas em si próprio e aniquiladas nos outros em caso de conflito ou de concorrência. Nesse registro, o apelo aos estratagemas é o instrumento mais recomendado na China, justamente por uma questão de economia! Por isso, a fluidez das relações e a circulação das energias animam e asseguram a manutenção e a saúde do coletivo considerado como um organismo vivo, quer se trate de uma família, de uma empresa, de toda a sociedade ou de seu instrumento militar.

Isso pode ser visto nos movimentos correntes, fluidos e contínuos do *Tai chi chuan*, arte marcial emblemática da China, que se traduzem em uma atividade global e de cada parte do corpo em um balé sem fim e em harmonia com o ambiente. Tudo se mexe simultaneamente e evita o bloqueio, que é coagulação geradora de desordem e de enfermidade. Uma energia que circula permanentemente é uma garantia tanto de uma boa saúde quanto da invencibilidade. Diz-se que a medicina tradicional chinesa tinha por objeto principal manter em boa saúde (invencibilidade) e curar unicamente em caso de fracasso do médico em interpretar, regular e reorientar os fluxos vitais. Em outro registro, os funcionários públicos letrados, os mandarins, asseguravam a manutenção dos equilíbrios dinâmicos, ou seja, dos fluxos no conjunto constituído pela administração do Império.

A filosofia do *yin* e do *yang*, que vê o mundo como uma transformação permanente, forma a base da cultura da estratégia da China tradicional. Da interação constante desses dois princípios opostos *e* complementares resulta uma mudança incessante que deve ser compreendida. Adaptamo-nos para deles tirar proveito ao invés de sofrer seus efeitos. Ora, o mais apto a interpretar as primícias, os sinais tênues das modificações em andamento ou vindouras não é aquele com mais músculos, mas, ao contrário, o sábio, o homem *sensível*, de virtude e de conhecimento. É por essa razão que, na antiguidade chinesa, os soberanos sempre procuraram contar com os serviços dos melhores conselheiros, dos ricos em sabedoria, em presciência mas também em artimanhas.

A compreensão do real, conhecimento íntimo das mutações em curso, permite gerir e agir com discernimento, antecipando e deixando-se levar pelas dinâmicas transformadoras e provedoras de vigor ou de enfraquecimento. Mais uma vez, as noções de economia e de harmonia! Conhecendo o sentido dos fluxos, paradoxalmente, é ao acompanhá-los que o estrategista os norteia, mantém-se em sinergia com eles e inscreve-se em sua lógica. Acompanhando-os, faz-se acompanhar por algo mais forte que ele, e é assim que a maior das submissões pode se revelar uma dominação paradoxal, mas invisível. A maior flexibilidade converte-se em uma força temível, pois inapreensível. Diz-se que o oceano, que não pode ser capturado, captura! Mas se o estrategista é um homem de virtude, quem fracassa não pode apelar, em compensação, para nenhuma desculpa, pois isso é o resultado, se não a prova, de sua falta de virtude! Conseqüentemente, é legítimo e natural que ele desapareça sem que a noção de perdão possa ser invocada!

É ainda essa mesma preocupação com a economia que faz Sun Tzu dizer que *as armas são instrumentos de mau augúrio, aos quais só se deve recorrer em última instância*! O confronto é dispendioso, contingente e destrutivo. Uma região submetida pela força é dificilmente controlável, e o benefício da vitória acaba sendo menor. Superar o ressentimento, atenuar o desejo de vingança, apagar as dores... tudo isso é contrário à economia! Por essa razão, a melhor das estratégias, segundo Sun Tzu, não busca o confronto direto e aberto com as tropas adversárias ou o assalto às fortalezas, mas ataca os planos do adversário e até seu espírito!

O estrategista que consegue perceber as intenções de seu adversário e entendê-las já tem a luta em parte ganha. Aqui, vê-se bem a diferença do grande clássico ocidental da estratégia, *Da Guerra*, de Carl von Clausewitz[5], que recomenda aniquilar prioritariamente a força maior do adversário a fim de impedi-lo de se defender e, assim, ditar-lhe sua vontade. Na China, ao contrário, a sutileza, até mesmo a sensibilidade, faz a diferença para apreciar qualitativamente o modo de funcionamento do espírito adversário. O acúmulo ou o emprego de recursos materiais intervém apenas em um segundo momento. Mais do que combater as forças opostas pela via exter-

---

[5] General prussiano, contemporâneo da Revolução Francesa e do Império, que se esforçou para produzir uma teoria racional da guerra a partir da história e da observação das batalhas e campanhas, principalmente as de Napoleão Bonaparte, mas também de Frederico II da Prússia e outras. Clausewitz é considerado uma referência para as grandes guerras do final do século XIX e acima de tudo do século XX.

na das armas, é mais vantajoso afetá-las internamente por meio da desestabilização, por exemplo, destruindo os laços que unem seus diferentes componentes. Nessa perspectiva, é estratégico o conhecimento do outro, da natureza de suas comunicações internas e com seu ambiente. O sábio-estrategista usa esse potencial em seu proveito, orientando-o a partir das correntes que o animam. Discórdia e desperdício são os melhores vetores da desestabilização adversária. Paixões, egoísmos, pretensões, flagelos naturais, cisões, invejas, ambições.... representam não somente pontos de apoio, mas também motores de desestabilização que o estrategista aciona com tato, enquanto permanece invisível. A presa cai então na mão do predador sem que este se mostre absolutamente como tal. Aparentemente, não passa do mero trabalho da natureza que transforma as situações sem que se possa detectar *estrategista no mato!*

A inteligência da mudança e a criatividade "estratagêmica" permitem vencer à distância, idealmente, sem se expor. Mais do que se desenvolver na esfera do visível, do sólido e do que resiste, é no nível das primícias que é econômico agir. Na seqüência, os ciclos das transformações, do crescimento e do decréscimo fazem o resto, e se trata apenas do desenrolar natural das coisas...

Como o sábio, o estrategista ideal aparentemente não tem vontade[6], disposições fixas nem credo imutável. Ao contrário, é sobre a imagem da água que ele regula seu comportamento, se é que se pode ousar tal formulação. Porque a água não tem forma determinada, escreve Sun Tzu, ela toma a forma daquilo que a contém, conforma-se à topologia do terreno ou da situação em que se encontra. Em um vaso, ela é vaso; em uma bacia, é bacia; em uma superfície plana, espalha-se; no calor, é vapor; no frio intenso, é gelo, geada ou nevada; em um relevo acidentado ou em um declive, é bravia... É adaptando-se às condições mutáveis que a água permanece sendo o que é. Assim deve ser a arte da guerra ou, mais geralmente, da estratégia, segundo Sun Tzu. Clausewitz o acompanha quando diz que a guerra é um verdadeiro camaleão. Mas sobretudo, a água é potencial devido à força da gravidade[7], e a arte do estrategista consiste em tirar o máximo de efeito por meio de um trabalho de configuração das situações.

---

[6] A esse respeito, ver os livros de François Jullien.
[7] A energia hidráulica é poder de movimento a partir do momento em que está contida numa declividade, como no caso de uma barragem.

Sun Tzu recomenda ao estrategista não esperar a vitória de seus soldados, mas do contexto no qual ele os dispõe. Para ele, a força ou a fraqueza, a coragem ou a covardia, não são qualidades definitivas ligadas à própria natureza dos soldados. Elas decorrem das situações nas quais são mergulhados, pois são elas que tornam os combatentes fortes, corajosos, ou o contrário. Um potencial de ação se concentra como uma represa, onde se acumulam grandes quantidades de água e cujas comportas se abrem no momento oportuno. Quanto maior o declive, mais poderosa será a corrente que carregará tudo na sua passagem e vencerá naturalmente as resistências mais extremas. É da qualidade dessa *relação de situações* que decorre a vitória, bem mais do que da mera relação numérica de forças. A arte estratégica da China antiga é manipuladora de situações. Mas essa cultura, que funda a existência multimilenar desse país, também pode ser entendida como uma escola de sabedoria, uma via ou um *do*, no sentido japonês de caminho de aperfeiçoamento para alcançar *sabedoria*, conhecimento e harmonia com o mundo.

O estratagema como uma arte dominante

No Ocidente, o que se qualifica de estratagema de guerra tange a uma arte menor, até complementar. Na China, em contrapartida, ele representa um modo estratégico maior, econômico e adaptado a uma *civilização* na qual o uso do tempo é *uma propensão, uma tendência espontânea preferível ao uso de recursos materiais*. O espírito de estratagema enraíza-se em representações do mundo, em uma filosofia, até mesmo em uma verdadeira cosmogonia. Adotar as vias da natureza, fundir-se a elas, conformando-se para melhor orientá-las – eis uma proposição que não deixa de surpreender um espírito ocidental, habituado a distinguir entre estados *inalteráveis* e levado a aplicar sua vontade ao real para transformá-lo do exterior.

Na filosofia do *yin* e do *yang*, a maior das submissões pode ser o prelúdio ao nascimento da maior das forças. Isso passa pela prática de uma *sensibilidade inteligente* que percebe, subjacente às manifestações tangíveis, a obra dos contrários-complementares (*yin* e *yang*), cuja interação permanente preside às mudanças do real. Para os chineses, o mais e o menos, o forte e o fraco, o verdadeiro e o falso, o cheio e o vazio, o luminoso e o escuro... não existem enquanto qualidades fixas e independentes. Eles são, ao contrário, fundamentalmente relativos e *inter*dependentes. *Um* é também a condição do *outro* em um processo sem fim que não pode, por definição, excluir seu contrário e privá-lo de existência. De fato, é preciso lidar com ele. Se uma das encostas da montanha está mergulhada na sombra, a outra está banhada de luz... O homem não existe sem a mulher e vice-versa, o ciclo de uma relação sexual inverte as qualidades do duro e do mole. A semente carrega a existência da planta que, atingindo seu apogeu, dá nascimento à semente. Tudo se transforma com o tempo em seu contrário após ter-lhe dado nascimento através de modalidades momentâneas da energia.

A arte *estratagêmica*, em sua versão chinesa, não se impõe através da oposição, mas do acolhimento para conduzir de tal modo que o *eu* desapareça aparentemente no trabalho da natureza. A inteligência sensível percebe os potenciais contidos nas situações animadas pelo jogo dinâmico dos contrários. A via estratégica chinesa procede do feminino para o masculino, *do invisível para o visível*, ao contrário do modo maior ocidental. No jogo de *go*, o vazio preexiste ao cheio, ao passo que, no xadrez, o conjunto das peças (potencial) ocupa o tabuleiro desde o início da partida. No *goban*[8], ao contrário, não figura nenhuma *pedra* no início, e é o jogador com as pedras pretas que joga em primeiro lugar, começando pelas bordas, ao contrário do xadrez, onde se procura dominar logo que possível o centro do tabuleiro!

De essência indireta, o primeiro passo da atitude *estratagêmica* deixa temporariamente de lado os interesses próprios e óbvios do ator, pois eles podem perturbá-lo e limitar sua percepção, finalizando demais suas expectativas. Os sinais frágeis que anunciam o trabalho da natureza são delicados e não se consegue percebê-los quando se vai com muita sede ao pote, poderíamos dizer. Ao invés da valorização de interesses particulares e imediatos, a receptividade e a disponibilidade face ao ambiente são altamente recomendadas. A abordagem inicial é estratégica, aberta, global e considera grandes escalas de tempo porque se trata de identificar e de reunir o mais vasto potencial sem idéias preconcebidas. Ela se diferencia de uma preocupação essencialmente tática, fechada, local e preocupada em atingir seus objetivos em um prazo muito curto[9].

---

[8] Quadro ou tabuleiro no qual se joga o *go*. Ele se compõe de um conjunto de dezenove linhas verticais que cruza com dezenove linhas horizontais, ou seja, trezentas e sessenta e uma intersecções.

[9] Como é o caso, em geral, com o jeitinho brasileiro, ver Da Mata (1978).

As definições demasiado apressadas, assim como a inflexibilidade das intenções, *interrompem o mundo das possibilidades*. Elas são contrárias à identificação de fluxo e de potenciais disponíveis onde se inscrever agindo *com* o ambiente. É um paradoxo, ou no mínimo uma surpresa, que toda a atualidade do pensamento estratégico da China tradicional revele-se com tanta pertinência e atualidade no mundo global e interdependente que conhecemos hoje. Isso não significa, entretanto, que nessa cultura não haja lugar para a ação direta e determinada quando as condições assim o permitem.

A arte estratégica chinesa é rebelde à idéia de ação individual, atomizada, soberana e apartada do concurso da natureza. Porque o mundo é evolução permanente, qualquer situação passa *por uma sucessão de momentos particulares dentro de um ciclo*. Uma posição de força é freqüentemente o produto de uma fraqueza anterior que foi transformada. Uma vulnerabilidade pode resultar de um hábito grande demais da força, que se tornou ilusão devido à confusão entre a natureza *relativa* do momento em que se é forte e uma pretensa força absoluta, intemporal, incorruptível e independente das circunstâncias e das evoluções. A fraqueza sucede à força segundo ritmos mais ou menos longos.

Cada princípio, *yin* ou *yang*, nasce do interior de seu oposto, que lhe é, além disso, complementar. Eles não existem isoladamente, e isso leva a pensar sua interação, assim como a das vontades[10], como uma fonte de criatividade estratégica sem limites. Se os ritmos longos não são favoráveis, o apelo a ritmos curtos ou a microrritmos – onde a alternância entre força e fraqueza conhece uma cadência acelerada – abre possibilidades[11]. O que não se pode conseguir taticamente contra um brutamontes armado até os dentes, também se pode alcançar sabendo ler e tirando partido da alternância dos ritmos constituídos por pares como a respiração, o vaivém entre atenção e relaxamento, ou então reajustando os termos da interação das vontades em outros terrenos ou em escalas mais vastas. A atitude estratégica ensina a ver por detrás das manifestações visíveis não tanto uma realidade definitiva a enfrentar, mas sobretudo um estado transitório que revela o momento de uma transformação de

---

[10] Ver Beaufre (1985) e Fayard (2000).
[11] O uso de microrritmo é extremamente desenvolvido na cultura estratégica do Japão em particular. Ver o livro sobre a influência da cultura estratégica nipônica sobre a via japonesa de gestão – criação de conhecimento, Pierre Fayard (no prelo).

energia. A arte estratégica chinesa recomenda que não se procure agir localmente no nível do imediato, mas na evolução global dos fluxos. Cartógrafo experiente, o sábio-estrategista calcula suas posições, acelera ou desacelera sem ficar sob o jugo da atração enganosa e ardilosa das formas. Uma espada não é perigosa em si, mas em função do estado e da habilidade de quem a maneja e da situação na qual os protagonistas se encontram.

O clássico dos Trinta e Seis Estratagemas

Para abordar com profundidade o pensamento estratégico da China antiga e adaptá-lo em termos que o leitor de cultura ocidental possa entendê-lo a fim de nele se inspirar em suas práticas cotidianas, existe um tratado de referência. Há séculos, o livro dos *Trinta e Seis Estratagemas* reúne no mundo chinês a interpretação de diferentes autores sobre uma seqüência de itens que poderíamos qualificar de *softwares estratagêmicos*.

Cada estratagema apresenta-se sob a forma de uma coleção de quatro ideogramas, que se deve interpretar e adaptar às situações que os demandam. Diferentemente de *A Arte da Guerra* de Sun Tzu, este tratado não faz referência a um autor exclusivo, mas a vários comentaristas que se sucedem através das épocas e das implantações diversas da diáspora chinesa. Hoje, o número de intérpretes ocidentais desses *softwares* não pára de crescer. De maneira geral, esses estratagemas aplicam-se a toda circunstância onde interagem vontades políticas, militares ou econômicas, mas também à gestão, à negociação e às relações interpessoais.

A partir do instante em que uma vontade se manifesta em um contexto mais ou menos difícil, ela pode inspirar-se nesses *softwares estratagêmicos* para chegar a seus fins. O fato de conhecê-los não garante, no entanto, o êxito absoluto, do mesmo modo que um editor de textos não cria gênios literários só por ser utilizado. A aplicação desses estratagemas a situações particulares requer não somente inteligência, no sentido de uma compreensão sutil dos potenciais, das intenções e das relações, mas também criatividade, astúcia e um grande senso de ritmo. Assim como a estratégia em geral, o estratagema não é uma ciência exata onde condições pretensamente *idênticas* produziriam resultados calculáveis e previsíveis. As circunstâncias e sobretudo os protagonistas jamais são os mesmos.

Suas capacidades respectivas e seus níveis de conhecimento permanecem em contínua transformação e em perpétua aprendizagem. Porque é questão de vontades em confronto em ambientes instáveis e pouco controlados, o estratagema diz mais respeito à arte do que à ciência.

As versões do clássico *Trinta e Seis Estratagemas* são inúmeras e variam de acordo com os comentaristas, as épocas e os lugares, mas também com as áreas de aplicação. Assim, por exemplo, existiria uma variante particular reservada ao campo da ação familiar e das relações entre homens e mulheres. No presente livro, encontrar-se-ão referências a uma dezena de versões em francês, inglês e espanhol. Então, por que acrescentar mais uma? Isso resulta de um trabalho de vários anos de estudo e de ensino, mas também, e acima de tudo, de uma constatação que convém esclarecer.

Os leitores de *A Arte da Guerra* de Sun Tzu sabem por experiência que as modalidades de expressão chinesas diferem consideravelmente daquilo a que estamos acostumados no Ocidente. A compreensão de uma cultura estratégica asiática supõe uma abertura de nossos modos de pensamento ocidentais a *um outro sistema de representação e* de conceptualização. Prova disso é a difusão das artes marciais japonesas. Na qualidade de ex-aikidoca, lembro pessoalmente de estágios com verdadeiros mestres nipônicos (*sensei*[12]) onde, pela lógica, ao nível de perfeição dos professores corresponderia uma progressão similar dos praticantes. Que encanto diante do domínio dos *sensei* quando seus deslocamentos exibiam uma técnica particular: tudo parecia fluido, espontâneo, estético, sem esforço e de uma eficácia a toda prova. Ao final da demonstração, o mestre lançava o *"ai dozo"* característico que convidava ao exercício: éramos levados, então, a constatar que a suprema facilidade, precisão e economia do gesto desapareciam no *tatame*! Uma distância terrível se interpunha entre, de um lado, a percepção fascinada que sentíamos durante a demonstração do *sensei* e, de outro, nossas capacidades efetivas a traduzir o ensino em ações!

Por sorte, professores franceses assumiam o lugar e explicavam posteriormente, e por meio de uma pedagogia bem ocidental,

---
[12] Nas artes marciais japonesas, chama-se de "mestre" ou "sensei" os praticantes que alcançaram o grau de faixa-preta 8º dan. Esse qualificativo é aposto ao nome do mestre.

como encadear as fases sucessivas do movimento. Tudo passava por ali: da posição dos pés à dos cotovelos, do nível dos ombros à direção da bacia... o detalhe era preciso, explícito e seqüenciado lá onde o ensino à japonesa indicava uma forma global a reproduzir[13]. Sem essa *ocidentalização*, é permanente o risco de passar ao lado e não conseguir aproximar-se do sabor e da profundidade de um conteúdo mascarado pela força gravitacional particular de uma cultura *tão distante*.

É prazeroso ouvir Sun Tzu comparar a arte da guerra à *água que evita as alturas para preencher os vazios*, mas... *so what*[14]? É frustrante que essa constatação deslize na tela encerada de nossos neurônios sem que os penetre ou fertilize! É para evitar esse efeito de *tela encerada* sobre a qual desliza a água da leitura que este livro quer ser um adaptador de cultura, um intermediário *que desconstrói e, depois, cria* passarelas.

Para compreender e aplicar Sun Tzu, a escolha desta obra recai sobre uma seleção de dezenove dos trinta e seis estratagemas, entendida como um suporte para abordar o pensamento estratégico da China antiga. O conjunto conclui com o *estratagema dos estratagemas* de acordo com os comentaristas, o da *fuga*! Quando um conflito não consegue encontrar uma solução favorável de tão desesperadora a situação, a melhor escolha é fugir, pois isso significa preservar seu potencial para tempos melhores que não deixarão de acontecer, cedo ou tarde.

O leitor encontrará neste livro a apresentação desses dezenove *softwares estratagêmicos*, reunidos em três famílias e segundo uma apresentação idêntica. Um título, a maior parte do tempo original, introduz cada um deles, acrescido de uma ou duas citações e de algumas imagens e expressões indicativas que dão a atmosfera e o espírito do estratagema. Como referência, faz-se menção a títulos habituais extraídos de versões publicadas em português, espanhol, francês e inglês do clássico *Trinta e Seis Estratagemas*. Uma história tradicional ou original exemplifica a seguir uma aplicação de cada um desses estratagemas. Esses relatos servem de arcabouço ao de-

---

[13] No Japão, a transmissão do saber e da competência funciona essencialmente de um modo tácito e silencioso, de *hara* (centro vital) a *hara*, diz-se. O trabalho do aprendiz faz-se a partir da essência de um movimento mais do que de seu seqüenciamento. O global sobrepuja o local.
[14] Em inglês no original.

senvolvimento de um aspecto particular do pensamento estratégico chinês introduzido à medida que o livro avança.

Vamos agora desejar uma boa leitura e descoberta dessa cultura, que introduz também a uma forma de sabedoria. Nosso desejo mais caro é que ela enriqueça e estimule a inteligência e a abertura de espírito do leitor, assim como sua criatividade estratégica *em um mundo aberto e interdependente, onde conhecer a cultura do outro é também uma necessidade.*

PARTE I
ESTRATAGEMAS DA HEGEMONIA

> Estratégias vantajosas – Estrategias cuando se domina la superiodad – Stratagèmes en situation de domination – Stratagems when winning – Stratagèmes de batailles déjà gagnées – Stratagems when in superior position

1. Esconder na luz
2. A água evita as alturas
3. O potencial dos outros
4. Os vasos comunicantes
5. O caos fértil
6. A estratégia adora o vazio

Esta primeira série do clássico *Trinta e Seis Estratagemas* diz respeito à posição hegemônica, uma vez que aquele que a ela recorre está fora do alcance das manobras adversárias. O estrategista leva em conta o ambiente, mas não sofre suas imposições por demais e dispõe da possibilidade de tomada de iniciativas. Em termos estratégicos, beneficia-se de uma liberdade de ação dominante[15] em relação aos outros atores e em sua relação com a situação propriamente dita.

---

[15] Ver Fayard (2000).

O outro lado da moeda reside no fato de que suas escolhas são expostas à luz do dia, o porquê da necessidade de fazer uso de artimanhas e simulacros, misturando sutilmente verdadeiro e falso, sombra e luz, engodo e realidade... a fim de evitar o desenrolar de um jogo demasiado previsível. Esta primeira série procede de uma abordagem mais direta, ainda que, em matéria de estratagemas, as coisas nunca sejam tão simples, evidentes e unidirecionais.

1
ESCONDER NA LUZ

O que é familiar não atrai nossa atenção.
Provérbio chinês

**O hábito resguarda o segredo –
Um segredo em traje de luzes – Cegar**

> Enganar o céu para atravessar o oceano / Cruzar el mar confundiendo al cielo / Cruzar al mar a simple vista / Mener l'Empereur en bateau / Abuser l'Empereur et traverser la mer / Cacher le ciel pour traverser la mer / Cross the sea under camouflage / Cross the sea by deceiving the sky / Crossing the sea by treachery / Cross the sea without heaven's knowledge

Durante uma campanha militar, o imperador do Norte, vitorioso, acampa com seu exército à margem de um rio; na margem oposta, está reunido o restante das tropas inimigas vencidas. A vitória total estaria garantida se o rio fosse atravessado, mas o soberano, temeroso, tergiversa a despeito das recomendações ofensivas prementes de seus conselheiros.

Recusando-se a argumentar ainda mais, um deles manda construir uma ilhota artificial suficientemente vasta para ter todas as características de um verdadeiro campo de manobras em terra firme. Árvores, cavalos, barracas... nada falta. Sem inquietação no espírito, o Imperador instala-se como de hábito nessa ilhota, que ele não sabe ser flutuante de tal modo ela se parece com

> um acampamento em terra firme. Durante a madrugada, a ilhota se desprende, atravessa o rio, e, ao raiar do dia, o exército, que transpôs o obstáculo imediatamente após o Imperador, reduz rapidamente as últimas resistências do inimigo, cuja derrota final é consumada.
>
> Em uma quietude total devido à aparência tranqüilizadora do campo, o Filho do Céu[16] atravessou o obstáculo, obtendo com isso a maior vantagem, com o espírito em paz entre os perigos que ele mais temia...

Como garantir a segurança de um segredo quando reina a maior das circunspecções e no meio do perigo? A resposta paradoxal deste estratagema consiste em suprimir todos os sinais e indicadores de qualquer dissimulação voluntária. Em seu conto intitulado *A Carta Roubada*, Edgar Allan Poe descreve uma busca minuciosa nos recantos mais obscuros, nos esconderijos mais improváveis, para encontrar a dita carta, prova da culpa, ao passo que está afixada aos olhos de todos no escritório do suspeito número um! Invertendo o aforismo francês segundo o qual uma enguia (uma intenção secreta) precisa de uma rocha (uma cobertura para ficar dissimulada), este estratagema tira proveito da crença geral de que a ausência de rochas supõe igualmente a de enguias! Sem obscuridade, não pode haver segredo, pensa-se habitualmente.

No conto de Poe, o zelo investigativo desgasta-se em pura perda, pois não leva absolutamente em conta as aparências cotidianas como lugares a serem explorados. É portanto em plena luz que a prova essencial está mais bem guardada. Uma evidência gritante provoca seu contrário: a cegueira! É consenso pensar que uma intenção oculta, um mistério ou um ardil busca o resguardo da sombra para não ser descoberto ou revelado cedo demais. Logicamente, a exemplo da noite que precede o dia, a intriga precisa da cobertura da discrição antes de poder se manifestar abertamente sem risco. Se tais intenções secretas evitam a plena luz, é nos recantos escuros, no estranho e nas trevas que a atenção se focaliza para desentocá-las. Os complôs se tramam no silêncio da noite, longe dos locais freqüentados. O não manifestado (*yin*) tem uma predileção pelos lugares isolados e pouco definidos. De uma maneira geral, o prin-

---

[16] Denominação tradicional dada ao Imperador da China.

cípio *yin* designa o que existe como potencial, o que ainda está se formando, assim como o que é receptivo e flexível.

Fazendo uso dessas representações espontâneas, este estratagema procede de encontro a uma *representação natural das coisas*. Aproveitando esse comportamento espontâneo, ele recomenda praticar o paradoxo, pois não se desconfia daquilo que é cotidiano e comum. É em plena luz (*yang extremo*), portanto, que se esconde e se coloca ao abrigo o germe do maior segredo (*yin*). É aos olhos de todos e sem defesa aparente que este estratagema se desenvolve com "toda" segurança! No símbolo emblemático do *yin* e do *yang*, é do interior da parte branca dominante (*yang*) que nasce o princípio contrário-complementar (*yin*). É *yang* o que é visível e tangível, manifesto e claro.

Este primeiro estratagema ensina também que a falta de atenção aos detalhes do cotidiano pode revelar-se fatal. O budismo zen recomenda não se preocupar com os grandes problemas e dedicar muito mais cuidado e zelo aos pequenos, que vão crescer, de modo que será mais custoso e arriscado administrá-los. Quanto maiores os obstáculos, tendências e desafios, mais defendidos eles serão e, sobretudo, mais difícil será apoderar-se ou libertar-se deles. A arte do estratagema, marcada por engenhosidade e sutileza, investe no que parece insignificante e pouco importante para inverter situações *a priori* desfavoráveis e possivelmente insuperáveis. Ficamos com freqüência obnubilados pelo que é visível e resistente enquanto o tecido cotidiano e banal dos hábitos oferece oportunidades inesperadas.

À concepção e à ação *estratagêmicas* não interessa a hipérbole de uma firmeza aparentemente inalterável. Por natureza flexíveis e criativas, suas palavras-chave são liberdade e movimento. Sua gênese situa-se no próprio espírito do estrategista que se recusa a imobilizar seu raciocínio sob o *diktat* de uma ortodoxia de pensamento, de representações e de atitudes comuns. A vida é fluxo, não pára nunca e o grande *yang*, a força, engendra em seu seio mesmo a própria fraqueza, o pequeno *yin*, e isso desde que o mundo é mundo. Quando é preciso empreender uma manobra perigosa, fazê-lo aos olhos de todos no conforto familiar dos hábitos pode garantir a segurança da operação. Em contrapartida, anunciá-la fazendo uma grande mobilização só aumenta a determinação daqueles que se opõem a ela, oferecendo-lhes pontos de apoio para resistir e contra-atacar.

Tal como uma cidadela intocável, a vigilância do Imperador é exacerbada (*yang*) em sua relação com seus conselheiros que o intimam a atravessar o rio, mas relaxa justamente quando crê reinar a maior tranqüilidade no acampamento. Quanto mais tenso tiver sido o conflito, maior será a propensão do Imperador a relaxar depois. É nesse estado que a artimanha o surpreende desprevenido e sem esforço, pois não é mais necessário brandir argumentos para convencer. Sun Tzu recomenda que se evite atacar as fortalezas, preferindo colocar as estratégias adversárias em perigo, pois são mais maleáveis.

O simples esconde o mais secreto, e o invisível (*yin*) reveste a aparência de seu contrário. Quanto mais resoluta a resistência, maior será, cedo ou tarde, o relaxamento da vigilância, que abrirá um espaço de manobra sem desconfiança. Uma oposição extrema tem apenas duas alternativas em sua evolução, já que é pouco concebível manter um estado de tensão permanente: ou ela leva à decisão rapidamente, ou se retrai e reflui como o oceano em maré baixa. Recusando continuar sua argumentação diante do Imperador, o conselheiro experiente suprime o ponto de apoio que permitia ao soberano resistir em sua recusa e, ao final, impor sua vontade. Conseqüentemente, ele relaxa e assim... a maior das determinações é o prelúdio de seu contrário. É por isso que o pensamento estratégico chinês recomenda evitar os extremos, pois sua duração de vida enquanto tal é limitada devido à transformação.

Este primeiro estratagema não se opõe, mas adota a polaridade adversária sem resistência aparente. O conselheiro abraça a corrente, ou seja, a vontade do Imperador, e submete-se a ela para melhor orientá-lo na direção que lhe parece desejável. Como recomenda Sun Tzu, onde o outro é forte e determinado, o estrategista se apaga e aquiesce; onde ele é pacífico e confiante, o estrategista é determinado e temível. A vontade inicial explícita que incitava a atravessar o rio estruturava a resistência do soberano no seio de uma relação em que só o peso da autoridade podia sair ganhando. Nesse desenvolvimento *estratagêmico*, a vontade do conselheiro não desapareceu, mas uma encenação enganosa tornou-a invisível, garantiu sua segurança e seu êxito. Porque o soberano resistiu previamente, o artifício funciona! A eficácia resulta desses dois momentos: visível e resistente e, depois, submisso e invisível. Provocar gradativamente a mudança é preferível a anunciá-la. Se o *Imperador, que atravessa o rio*, tira finalmente proveito desse subterfúgio, isso não deixa de ser uma manipulação que também poderia ter levado à sua perda. O estratagema não é uma ciência exata, mas uma arte arriscada que joga com as circunstâncias e a vontade em ação de outros atores.

2
A ÁGUA EVITA AS ALTURAS

Construir a vitória conformando-se aos movimentos do inimigo.
Sun Tzu

**Evitar as alturas – A contra-ofensiva –
Moldar-se às situações – A base para a força –
A emplumação para a flecha – Atingir a raiz –
Jogar com o vazio para conduzir
o pleno – *Deslocar***

> Sitiar Wei para salvar Zhao / Sintiar el reino de Wei para salvar el Reino de Zhao / Sintiar a un país para rescatar a otro / Encercler Wei pour sauver Zhao / Assiéger Wei pour sauver Zhao / Encercler le royaume de Wei pour sauver le royaume de Zhao / Besiege Wei to save Zhao / Besiege Wei to rescue Zhao

Nos tempos antigos da China, três reinos vizinhos coexistiam com dificuldades. Qi e Zhao eram aliados, mas Wei era o mais poderoso. Um dia, Wei lançou um intenso ataque contra Zhao, o mais vulnerável dos três, e sitiou sua capital. Acuado, Zhao pediu ajuda a seu aliado Qi, mas este temporizou, pois o enfraquecimento relativo dos demais acabaria em seguida por favorecer sua própria posição. Mas será que, devido a seu comprometimento, ele precisaria enviar suas tropas onde o agressor Wei reuniu uma temível força ofensiva sob as muralhas de Zhao? Havia uma outra escolha, menos dispendiosa e mais eficaz.

Ao invés de defrontar-se com uma força armada em pleno elã de conquista, Qi abandonou o cenário principal do conflito sob as muralhas de Zhao e atacou a capital indefesa de Wei, de tal modo que, diante desse ataque inesperado, Wei foi forçado a bater em retirada às pressas para ir em socorro da própria origem de seu poder. A iniciativa no conflito lhe escapou e, levado pela urgência, tomou o caminho mais curto para voltar, que era também o mais previsível. Assim, Qi pôde armar comodamente uma emboscada nos arredores da capital de Wei, no momento em que suas tropas estavam no auge do cansaço e da desorganização devido a uma retirada às pressas. No confronto, Wei, em situação desfavorável, foi derrotado. Honrando seus compromissos, Qi salvou Zhao sem assumir riscos demais, reforçando ao mesmo tempo sua posição relativa nesse jogo de três atores.

O segundo estratagema desta série recomenda ao *mesmo* não se submeter a jogos impostos do exterior e assumir a iniciativa, a fim de ser aquele que dita as regras da melhor interação possível. Por meio de sua ofensiva inicial poderosa no sistema relacional triangular dos três atores (Wei, Zhao e Qi), Wei constrange e limita a liberdade de movimento dos outros, obrigando-os a reagir, ou, em outros termos, a se conformar a seu jogo[17]. As alternativas disponíveis para Qi são ou não fazer nada e assim trair *sua palavra e seu compromisso com seu aliado*, mas encontrando-se em pouco tempo em situação muito desfavorável, ou lançar-se em excessos táticos sob as muralhas de Zhao, onde as tropas ofensivas de Wei se encontram no máximo de sua força e de sua organização. Precipitar-se para ajudar Zhao teria significado concentrar a força *yang* de Qi contra a força *yang* de Wei, moral e fisicamente superior, então em pleno elã e em situação positiva de conquista.

---

[17] Temos aqui uma perfeita aplicação do princípio de liberdade de ação. Em um quadro de conflito, ou, conforme a teoria do jogo, no âmbito de um jogo de soma constante, em um sistema relacional, ao *mais* liberdade de ação de um ator (do *mesmo*) corresponde uma equivalência de *menos* no outro ou nos outros. É o que leva André Beauffre (cf. nota 18) a dizer que a essência da estratégia consiste em um combate pela liberdade de ação. A perda, ou a diminuição de liberdade de ação, traduz-se freqüentemente por um atraso em relação a uma iniciativa do exterior.

Em ambos os casos, Qi teria moldado seu comportamento à iniciativa de Wei. Mas, já que a sede da capital de Zhao não representa um teatro favorável, a liberdade de ação de Qi vem de uma ofensiva, lançada *estrategicamente* em uma dimensão mais global, que constrange aquele que constrangia. Toda força *yang*, neste caso masculina e ofensiva, só existe em relação ao *yin*, onde busca sua origem e impetuosidade. No relato emblemático desta estratégia, o poderio de Wei se fundamenta em sua relação com um centro político sólido, mas temporariamente sem defesa devido à ofensiva contra Zhao. A força organizada de Wei é a expressão do potencial e da riqueza de sua cidade de origem; no entanto, esta se tornou vulnerável devido à própria operação por ele lançada. Deixando o pleno da ofensiva sobre Zhao, o ataque de Qi sobre a base esvaziada de suas melhores tropas tira a iniciativa das mãos de Wei. De magnífico e soberbo que era em seu elã ofensivo, Wei deve se conformar à opção que lhe impõe o movimento estratégico de Qi.

Assim como a água evita as alturas e preenche os vazios, lembra Sun Tzu, Qi evita a força (pleno) de Wei para atingir sua fraqueza (vazio). Essa *contra-ofensiva* rejeita a lógica de um heroísmo ridículo e pretensioso em que a força da legitimidade e das alianças é o motor de uma ação cega às circunstâncias e a todo princípio de economia da ação[18]. É difícil, audacioso e temerário enfrentar um adversário poderoso quando ele está envolvido em uma ofensiva contundente e com um impulso positivo no terreno que escolheu. Mas, se suas forças convencionais[19] forem dominantes, é possível atingir sua origem. Utilizando recursos inferiores ampliados por uma situação favorável, a manobra de Qi transforma a qualidade da balança das forças entre os seus e os de Wei.

Ameaçando o que o *outro* deve defender a qualquer preço, são ditadas as regras de um jogo que lhe tira a iniciativa. De soberana, a liberdade de ação de Wei passa a ser constrangida. Toda força explícita (*yang*) mergulha suas raízes em outro lugar (*yin*), ao qual está intimamente ligada. A ação direta sobre esses fundamentos tem um

---

[18] Qi aplica maravilhosamente bem o princípio de economia dos recursos, tirando o maior proveito dos seus próprios e concentrando-os numa emboscada, após ter diminuído bastante os de seu adversário Wei. A balança das forças lhe era desfavorável, mas sua manobra a inverte em seu favor devido a uma situação superior para ele.

[19] Veremos posteriormente a diferença estabelecida na China antiga entre a força dita convencional (*Zheng* ou *Cheng*) e a força extraordinária (*Ji* ou *Ch'i*).

efeito indireto sobre a força que deles depende. Diante de um ator no auge de sua potência, ou que dispõe de uma sólida vantagem, é temerário chocar-se de frente com ele. Em uma situação bloqueada, uma mudança de contexto pode modificar uma distribuição tática (local) por meio de uma redistribuição estratégica (global) das cartas. Recusando os termos de uma interação desfavorável sob as muralhas de Zhao, os recursos de Qi são preservados e não envolvidos em uma situação arriscada e possivelmente funesta; depois, jogando em um *vazio* que vai deixar o *pleno* adversário em condições muito difíceis, Qi toma a iniciativa. Essa estratégia, também chamada de *segundo jogador*[20], temporiza em um primeiro momento para atingir em seguida as disposições adversárias no contrapé.

Para Sun Tzu, que tanto utiliza a imagem da água para ilustrar a arte da gestão e reorganização dos recursos em situação de conflito, a corrente se molda ao terreno, e o mesmo se dá com um exército que toma disposições em relação às circunstâncias e à situação do *outro*. Se este for forte, constitui um obstáculo, ou seja, uma altura. Convém, então, procurar onde está sua fraqueza e usar do declive para reduzi-la. Mas fazer dessa proposição um dogma seria contrário ao próprio espírito da estratégia, que sempre dependerá fundamentalmente das circunstâncias particulares, de suas evoluções e do caráter mutável dos atores envolvidos.

A flexibilidade adaptativa e informe da água consegue assumir todas as configurações possíveis e imagináveis. Ao invés de uma tentativa de ajuda direta e audaciosa, que teria reforçado o jogo de Wei, a manobra indireta de Qi inverte a situação usando o vazio, uma falha no dispositivo ofensivo e jogando com a relação vital da força com sua origem. A energia inicialmente concentrada de Wei (*yang*) é desviada para itinerários que a enfraquecem, à imagem de canais de derivação que temperam e depois reduzem a agitação das águas devido à topologia de uma configuração que dispersa.

Este estratagema ensina a não se deixar levar pelas iniciativas alheias e a buscar a liberdade de ação com elegância e economia. Comunicar a própria possibilidade de uma contra-estratégia pode ser utilizado de modo dissuasivo. Apontando ostensivamente uma vulnerabilidade adversa, o estrategista indica explicitamente a seu oponente que o momento foi mal escolhido por ele, ou que este se

---

[20] Trata-se de uma estratégia de ator que espera que o *outro* revele suas disposições, até mesmo se arrisque, antes de agir com conhecimento de causa.

expõe a graves incômodos[21]. Para fazê-lo, é preciso aprender a ler e a identificar o potencial das situações em termos de plenos e de vazios, de topologias que aceleram e dinamizam os fluxos, retardam-nos e dissipam-nos no âmbito das relações de interdependência dos jogos de atores e de transformações contínuas.

De uma maneira geral, o estratagema, em sua versão chinesa, procede de um raciocínio mais estratégico (global) que tático (local). Pode-se citar o exemplo de um eixo da estratégia internacional da República de Taiwan. Diplomaticamente, é difícil para ela convencer as grandes potências a apoiá-la em detrimento da grande China continental comunista. Os *grandes* deste mundo comercializam e falam primeiramente com os *grandes* deste mundo! Para esse ator tão pequeno, querer agir como os grandes equivale a desenvolver uma estratégia que o esgotaria e transformaria em curto prazo em um fruto maduro para seu grande vizinho. Tais veleidades têm um custo elevado e certamente fora de alcance em face das potências dominantes. Em compensação, é mais fácil alcançar seus objetivos dirigindo-se a nações frágeis, que têm uma necessidade vital de ajuda para sobreviver.

Assim, a República de Taiwan constituiu para si um *lobby* de aliados ao menor custo por meio da ajuda a alguns países que se encontram entre os mais pobres do planeta, mas cujos membros têm voz na Organização das Nações Unidas!

---

[21] Sobre este ponto, ver Fayard (2000).

3
O POTENCIAL DOS OUTROS

Se quiseres realizar algo, faz com que teus inimigos o façam por ti.
Provérbio chinês

Utilizar a estratégia dos outros como um potencial – A inconsciência do contexto torna manipulável – A composição estratégica – *Instrumentalizar*

Matar alguém com uma faca emprestada / Matar con un cuchillo prestado / Pedir un arma prestada para matar al verdadero enemigo / Tuer avec um couteau d'emprunt / Faire périr par la main de quelqu'un d'autre / Kill with a borrowed knife / Murder with a borrowed knife

---

Um grande grupo farmacêutico lança no mercado um adesivo com um liberador progressivo de uma molécula que favorece o reequilíbrio hormonal das mulheres em menopausa[22]. O mercado é imenso, mas a regulamentação da publicidade de medicamentos no país é bem rigorosa. Por outro lado, o grupo farmacêutico quer evitar aparecer em primeiro plano na promoção de

---

[22] Trata-se de um caso real apresentado nos anos 90 durante as Jornadas da Comunicação Médica, em Barcelona. Naquela época, não se questionava o tratamento hormonal da menopausa como hoje.

seu produto, pois isso poderia enfraquecer a credibilidade da mensagem.

A menopausa e suas conseqüências representam um verdadeiro tema da atualidade jornalística de saúde pública. Baseado nesse elemento, o grupo incita o laboratório que sintetizou a molécula a produzir um dossiê eficaz para a imprensa e a divulgá-lo nas redações dos meios de comunicação. Estes se apropriam do tema e tratam-no jornalisticamente; conseqüentemente, os clientes potenciais consultam seus médicos que, informados pelo grupo farmacêutico, prescrevem o adesivo, que os pacientes compram!

Quando alguma coisa é difícil de realizar ou de alcançar, deve-se fazer com que os outros a façam por nós! Esta é a essência deste terceiro estratagema. O exemplo acima, extraído da atualidade, desenvolve a especificidade de uma estratégia de comunicação indireta, isto é, através da qual o *mesmo* age por meio de intermediários que, cada um em seu nível, encontram localmente uma vantagem.

Por diversas razões, inclusive para não se expor e por uma questão de eficácia, o grupo farmacêutico não escolhe a via direta para informar o público. Por outro lado, a publicidade é onerosa em compra de espaço, mas também pouco flexível: uma vez lançada uma campanha maciça, ela é dificilmente adaptável em função das reações que suscita. Como é evidente a relação entre, de um lado, os produtos promovidos e, de outro, os interesses do anunciante, o público-alvo pode duvidar e negar-se a dar a essa *informação* um aval de objetividade. Em outras palavras, ele sabe e vê *quem sai ganhando*, neste caso, com a venda do adesivo. Em contrapartida, se jornalistas cobrem o assunto na mídia como um tema de saúde pública e de atualidade científica, trata-se do interesse geral da própria sociedade e não mais do interesse particular de um grupo farmacêutico. De certo modo, o tratamento dado pela mídia *lava* o assunto e coloca em segundo plano sua relação com os interesses do grupo farmacêutico.

Pode-se, então, falar de manipulação? À primeira vista, os jornalistas estão apenas exercendo sua função, procedendo às verificações usuais de suas fontes e do conteúdo de suas informações. Eles explicam recorrendo a médicos, até mesmo ao testemunho de pacientes, detalham o modo operatório da molécula em relação ao mecanismo da menopausa... mas, ao fazê-lo, participam objetivamente da promoção do adesivo! Indiretamente, o grupo farmacêutico utiliza o modo de funcionamento da mídia para seu próprio benefício e todos saem ganhando! O laboratório que sintetizou a molécula se faz conhecer; os jornalistas, assim como os médicos, fazem seu trabalho; e as mulheres na menopausa evitam os desconfortos ligados a esse período da vida. Todos ficam satisfeitos no que tange às suas próprias preocupações! A relação entre o produtor e o destinatário final passa por uma cadeia de intermediários. Nela, cada um investe sua competência e energia e contribui, assim, para a eficácia desse dispositivo de comunicação indireta.

Todos os exemplos de aplicação deste terceiro estratagema repousam no conhecimento e no aproveitamento da articulação entre os diferentes níveis da estratégia, principalmente aqueles que dizem respeito ao *fim* (objetivo) e aos *meios* (estratégia). Não se faz estratégia pela estratégia; tampouco se comunica apenas para se comunicar ou se informa para se informar. A estratégia, assim como a comunicação e a informação, faz parte dos *meios* para alcançar um *fim*. Ela contribui para defender um interesse ou para realizar um projeto. Todo ator, coletivo ou individual, aplica implícita ou explicitamente estratégias, pois se trata da permanência de sua existência e, além disso, de seu desenvolvimento.

Quando um estrategista experiente capta com inteligência a lógica dos pares *fins/meios* próprios a outros atores, ele tem condições de conceber uma *composição estratégica* em que estes, enquanto servem a suas finalidades específicas, contribuem para realizar aquelas próprias ao estrategista no seio de uma configuração abrangente. Em nosso exemplo, os pesquisadores, os jornalistas e os médicos apenas exercem sua atividade; no entanto, todos participam da finalidade do grupo farmacêutico: a venda efetiva dos adesivos. Por conseguinte, as estratégias desses diferentes profissionais são instrumentalizadas em um nível superior que as integra, isto é, no interior da estratégia indireta do grupo farmacêutico!

Por uma questão de invisibilidade e de economia, a arte *estratagêmica* chinesa considera toda estratégia de ator como um *potencial* nem bom nem mau em si, mas disponível para quem sabe ler suas lógicas e finalidades subjacentes. A partir do momento em que os pares *fins/meios* são corretamente identificados e que dispositivos adequados os organizam e aplicam, a inteligência pode conduzi-los de maneira implícita, sem que seus portadores se dêem conta disso. O envolvimento dos cientistas, dos jornalistas e dos médicos não resulta de uma ação de persuasão frontal, de *lobby* ou de relações públicas, pois todos agiram segundo suas próprias lógicas profissionais.

Aprofundando o raciocínio, chega-se à consideração de que os recursos de um inimigo ou de um competidor não representam forçosamente um obstáculo. Eles podem ser aproveitados pelo *savoir-faire* abrangente de um estrategista criativo, que não se intimida com uma rejeição absoluta do *outro* sob o pretexto de que ele não faz oficialmente parte de seu time! O conjunto de seus recursos não é nem ameaçador nem inofensivo em si, mas sua inserção e seu uso em uma estratégia pertinente e astuciosa lhes conferem uma eficácia especificamente orientada. Como um maestro invisível, o estrategista conduz e controla discretamente *a interação das vontades* em um concerto cuja partitura só ele conhece. É a partir da compreensão da lógica jornalística e da mídia que os políticos ajustam e burilam suas declarações, a fim de que imagens e *slogans* sejam transmitidos de modo eficaz para a opinião pública e para os eleitores.

Os atores mais manipuláveis são sempre aqueles cujo campo de visão limita-se ao estrito perímetro local de sua atividade. Eles deixam de reconhecer e de levar em conta o ponto de vista e a especificidade dos projetos e das estratégias de protagonistas que ignoram e a quem, no entanto, estão objetivamente relacionados. Retomando o exemplo emblemático deste estratagema, quanto mais os cientistas, jornalistas e médicos se comportarem exclusivamente como cientistas, jornalistas e médicos, menos se distanciarão de sua ação e menos contextualizarão (global) o exercício de sua profissão.

Assim, tornam-se objetivamente manipuláveis, sem ter consciência disso. Mas de quem é a culpa, se não de seu déficit de consciência ou de... cidadania? No registro do conflito, por que um estrategista envolveria *apenas* seus recursos se, em seu ambiente ou jogando com relações ou rivalidades, pode conseguir aliados que, ao se envolverem, vão contribuir para a realização de seus próprios objetivos? Nas situações delicadas e pouco favoráveis, freqüentemente as ações diretas e frontais mais reforçam a coesão das resistências do que as enfraquecem, sobretudo em matéria de comunicação. Ao contrário, jogar com a distância dá espaço e oxigênio à expressão de atividades, até mesmo a *úteis* disputas internas.

As rivalidades recorrentes que, desde sempre, grassam na relação entre os califas e os vizires de qualquer organização, bem mais do que desentendimentos a lamentar, constituem um potencial de ação. Esses recursos podem ser utilizados em operações em que a mão discreta do estrategista privilegia a eficácia aos holofotes da atualidade. Estratégias alheias são então estimuladas e encorajadas, mas objetivamente instrumentalizadas e compostas na finalidade de um plano que as integra e as supera.

O complexo jogo das interações deve ser conduzido sutilmente e com bastante discrição para que não se perceba que há coelho neste mato. Se a intervenção externa se mostra sensível porque demasiado direta, a revelação pública da composição estratégica pode dar lugar a uma denúncia e a um mecanismo de rejeição que pode se revelar fulminante. A artimanha é uma arte perigosa onde a relação *pequeno investimento/grande feito* pode ter conseqüências tanto a favor quanto contra, em caso de inabilidade.

Este terceiro estratagema recomenda uma atitude muito particular do estrategista em relação a um ambiente no qual não vê a expressão de qualidades intrínsecas ou de pertenças definitivas, mas a expressão evolutiva de potenciais disponíveis porque submetidos ao efeito de condições mutáveis. Assim agindo, ninguém poderia ser recriminado por não dispor dos recursos necessários à condução de uma estratégia permitindo alcançar seus fins, mas seria culpado por não saber como adquiri-los com sua arte.

4
OS VASOS COMUNICANTES

*O estrategista atrai o inimigo e
não se deixa atrair por ele.*
Sun Tzu

**Concentração e dispersão – Jogar com
o tempo – Atrair e não se deixar atrair –
Encher a bolsa – Adotar o ritmo
favorável –** *Transvasar*

> Poupar energia enquanto o inimigo se mata de cansaço / Relajarse mientras el enemigo se agota a si mismo / Afrontar a quienes están cansados mientras uno mismo está relajando / Attendre tranquillement un ennemi qui s'épuise / Utiliser le repos pour fatiguer quelqu'un / Entretenir ses forces et conserver son énergie en attendant un acte décisif / Wait at ease for the fatigued enemy / Relax and wait for the adversary to tire himself out / Let the enemy make the first move / Wait leisurely for an exhausted enemy

As eleições se aproximam e os candidatos se ativam. Todos sonham vencer e expor seus argumentos afiados. Os militantes e os simpatizantes estão cheios de entusiasmo com a perspectiva próxima do momento da verdade, quando os programas políticos se confrontarão e a evidência se imporá aos eleitores...

No entanto, o titular do cargo não se manifesta, ao passo que todos esperam que faça isso, até mesmo o estimulam a fazer declarações. Querendo fazê-lo sair de sua reserva, os competidores o provocam expondo seus trunfos, seus projetos e fazendo acerbas críticas acerca da política conduzida até então.

O tempo passa e o titular temporiza. Depois, no último momento e contando com o benefício de uma visão global das argumentações de seus oponentes, lança com calma, determinação e legitimidade suas tropas ao assalto de um eleitorado cansado pelas argúcias e pelos programas concorrentes, enquanto os partidários adversários não têm mais a energia do início. E o titular, tal como um salvador, recolhe a bolada!

Este estratagema fundamenta-se em uma relação de vasos comunicantes entre acumulação e dispersão, fortalecimento e enfraquecimento, pico da montanha e horizontalidade receptiva da planície. Para se consolidar em relação a uma concorrência, nem sempre é necessário optar por um comportamento ofensivo a toda prova, principalmente se o *outro* está no ápice de sua concentração e determinação.

Em termos de *yin* e de *yang*, o extremo de um estado pressagia o início de seu contrário. Por essa razão, às vezes é vantajoso temporizar, acumular forças, não gastá-las e esperar que a relação se torne favorável. Assim como a planície recebe os fluxos da montanha, aquele que adia o envolvimento fortalece sua posição paralelamente à erosão relativa da posição do *outro*. Clausewitz chamava de *ponto culminante* de uma ofensiva o limiar além do qual as qualidades se invertem e o defensor passa à ofensiva enquanto o atacante, que não triunfou, encontra-se em uma posição defensiva de grande vulnerabilidade, haja vista o enfraquecimento de suas linhas de comunicação.

Assim ocorreu com as campanhas de Napoleão e Hitler na Rússia profunda. Seus exércitos, considerados invencíveis, desagregaram-se além desse limiar fatídico. Este quarto estratagema recomenda não agir ou reagir passional, mecânica ou apressadamente, pois isso equivale a se submeter e a se conformar ao jogo daquele que escolheu o lugar, o momento e as formas de uma interação *a priori* favorável para ele. Se os meios da segurança no não-envolvimento existem, é preferível esperar que se inverta a relação de forças sob o efeito da duração. Somente então, e com conhecimento de causa, o estrategista tomará a iniciativa.

O tempo que passa movimenta o ciclo das transformações, no qual o máximo da força corresponde também ao germe da fraqueza. Meio-dia é o início da noite, assim como meia-noite é o início do dia. Passada a décima-segunda hora, a luz que atinge seu ápice e não pode mais progredir gera em seu seio a noite que lhe sucede. Inserindo-se nessa lógica, o estrategista não age mais só, mas tem o concurso do tempo, que passa a ser seu aliado.

Normalmente, a força bruta procura se impor a curto prazo e por meio de uma relação frontal. Com efeito, por que agir lentamente e de modo complicado quando uma decisão rápida está matematicamente ao alcance da mão? Mas aquele que não dispõe da superioridade do número escolhe a flexibilidade e a adaptabilidade. Sem esperança de vencer a curto prazo, ele investe no trabalho do tempo, ganha terreno, não oferece ponto de apoio à ofensiva adversária e evita qualquer confronto imediato. O repouso pressagia atividade e a atividade é seguida de cansaço. Aquele que descansa acumula recursos, enquanto o ativo cria as condições de um repouso ainda mais necessário porque sua energia se dispersa.

Por outro lado, uma tranqüilidade aparente, acompanhada de uma ausência de reação diante de uma agressão da qual mantém distância, tem um poder de contágio capaz de atenuar a tensão da determinação adversária. O ponto culminante da ofensiva é alcançado quando o *outro* ainda não concretizou o objetivo que está perseguindo. Uma nova mobilização de sua parte passa por uma fase prévia de repouso. Esse é o jogo do estrategista, que aproveita a vantagem do tempo e da iniciativa durante uma fase de relaxamento de seu ou de seus concorrentes no momento em que as qualidades estão a ponto de se inverter. Na China, diz-se que o homem parece superior e mais forte que a mulher, mas que esta o domina, afinal, por meio de uma docilidade exterior que mascara uma vontade interior e duradoura.

A postura astuciosa deste quarto estratagema funda-se na relatividade e a permutabilidade dos estados entre si. Estamos na primeira família, aquela da posição superior no clássico dos *Trinta e Seis Estratagemas*. Não estando acuado, o *mesmo* temporiza, aproveitando sua liberdade de ação ao mesmo tempo que impõe ao *outro* o dispêndio e o desgaste de suas forças. Essa relação dialética é pensada dentro de um todo, no seio de uma interação em que o aumento de fraqueza em alguma parte significa o aumento de força em outra. Observando e, com inteligência, posicionando-se fora de alcance (global), obtém-se, com o tempo, a vantagem (local).

Este estratagema revela uma característica maior da cultura estratégica chinesa que, filosoficamente, evita jogar força contra força, *yang* contra *yang*, explícito e ortodoxo contra explícito e ortodoxo... Ela privilegia, ao contrário, a alquimia transformadora da complementaridade que faz circular a energia de um pólo a outro. Assim, lança-se o pequeno contra o grande, o mutável contra o imutável, o estacionário contra o móvel. A referência não é a oposição e o confronto, mas o jogo rítmico dos fluxos, que lembra o ciclo das estações encadeando-se umas nas outras.

O estratagema dos *vasos comunicantes* requer uma espera ativa e vigilante. O lutador de *aikido* não opõe força contra força. A arte dinâmica de seu posicionamento adapta-se ao movimento adverso e o conduz, graças a uma percepção global e a um senso de ritmo que lhe permitem agir nos interstícios vazios do movimento do outro. Sendo justo em sua antecipação e acompanhando o desenvolvimento da força ofensiva, ela o inscreve na lógica superior de um encaminhamento rumo às finalidades de toda expressão de uma energia: o repouso por meio de uma imobilização ou a projeção que a dispersa no espaço. É se moldando, mais do que se opondo, ao movimento agressivo do outro, que ele o orienta e o transforma de acordo com a lógica eterna do *yin* e do *yang*.

O lutador de *aikido* não age de maneira independente e isolada. Elevando-se ao nível da interação das duas vontades, ele realiza o trabalho da natureza acompanhando uma força ao cume, a partir do qual ela declina e renasce em seguida. Não há oposição, mas composição! A inteligência, o posicionamento e a aptidão ao ritmo dominam o controle temporário da energia e/ou da força superior. A lógica deste estratagema, que reproduz um mecanismo natural jogando com o tempo, é aplicável tanto a situações de conflito quanto a relações de colaboração.

5
O CAOS FÉRTIL

A tarefa primeira do general é tornar-se invencível.
As ocasiões de vitórias são fornecidas pelos erros adversários.
Sun Tzu
A vitória é o fruto da ordem interna
que reina em um Estado.
Jean Lévi[23]

**Há males que vêm para bem – A ordem
se desestrutura, oportunidade – A rede faz a
força – Decadência/construção –** *Aproveitar*

Saquear uma casa que está em chamas / Saquear una casa en llamas / Observar los problemas ajenos desde un punto de observación seguro / Piller les maisons qui brûlent / Profiter d'un incendie pour commettre un vol / Tirer profit du malheur d'autrui / Loot a burning house

---

Dois jovens ambiciosos sem convicções particulares querem entrar na política. Vêm as eleições. O Partido Azul, no poder há mais de duas décadas, sofre uma derrota que o expulsa em proveito de uma esmagadora maioria de deputados do Partido Vermelho. Vendo nisso uma oportunidade, o primeiro dos jovens ambiciosos entra imediatamente em contato com respon-

---

[23] Ver a tradução de *A Arte da Guerra* feita para o francês por Jean Lévi (2000).

sáveis do Partido Vermelho e faz uma oferta de serviços invocando suas grandes competências, pois a tarefa dos vencedores promete ser considerável. O segundo, mais estrategista, filia-se modestamente ao Partido Azul.

Alguns anos mais tarde, o primeiro, que aderiu ao Partido Vermelho, continua esperando ser designado candidato a deputado em vista das próximas eleições legislativas, enquanto aquele que escolheu o Partido Azul já é ministro graças a uma alternância de poderes! Quem apostou no Partido Vermelho teve de batalhar duro para se impor num painel político com um excesso de boas vontades e quadros frustrados há vinte anos, desejosos de receber o troco por sua fidelidade e militância. Em compensação, aquele que apoiou a causa do Partido Azul quando estava mais por baixo foi magistralmente impulsionado ao título de renovador de convicção...

O jovem que aderiu ao Partido Vermelho jogou sozinho contra uma maré de militantes. O do Partido Azul foi levado por um movimento de fundo. Instalou-se com facilidade no nascimento de uma onda, enquanto seu pretensioso colega quis cavalgar uma rebentação sem ter sido convidado!

Para Sun Tzu, a invencibilidade depende de si próprio e as ocasiões de vitória resultam dos erros dos outros. Por essa razão, ele recomenda ao estrategista apegar-se prioritariamente à solidez de sua organização, fundamentando-a sobre um tecido humano de relações legítimas, confiantes e ritualizadas para dele fazer um todo solidário e reativo. Essa injunção coincide com a aplicação do princípio da economia das forças, que, articulando dinamicamente recursos em um sistema flexível e comunicante, faz com que eles concorram de maneira ótima às tarefas fixadas pelo estrategista. A concentração em função das necessidades passa a ser fácil.

O mesmo Sun Tzu considerava as armas como instrumentos de mau augúrio que só deveriam ser empregados em último caso e quando os outros procedimentos, mais nobres e recomendáveis, houvessem fracassado. A atenção primeira do estrategista não se volta, pois, às armas, mas à harmonia civil interna à sua organização. Se a cultura do estratagema[24] engloba a grande arte da manipulação, também aprende a se abster dela e nisso representa uma

---

[24] Ver Fayard (2000).

forma de ensino, uma via para a sabedoria. Construir solidamente e não dar flanco à desestabilização vinda do exterior supõe excelência no gerenciamento dos homens e na leitura da evolução das circunstâncias.

Há uma tendência grande demais a confundir de modo redutor estratégia com destruição e violência, o que, para os antigos chineses, apenas revela o fracasso da grande estratégia! Assim como o médico chinês era retribuído porque mantinha o paciente em boa saúde, o estrategista será ainda mais admirável quando seu apelo à força for limitado.

Uma vez estabelecido um bom funcionamento relacional, é possível jogar com as vulnerabilidades das organizações próximas, distantes ou concorrentes, a fim de tirar vantagem delas. Para conseguir ocasiões de vitória e de prosperidade, o papel da informação, da vigilância e da inteligência é crítico. Mas, ao invés de jogar contra a força do outro, busca-se enfraquecê-lo aumentando suas disfunções internas. Em outras palavras, o caos pode ser aproveitado para se apropriar daquilo que tem valor, quando se está pronto e em segurança. Essa relação de troca entre um lugar de desorganização e um de crescimento obedece a um mecanismo segundo o qual uma estabilidade crescente atrai e sedimenta os elementos esparsos desorientados.

A força gravitacional de uma organização eficaz[25] funciona como um ímã e faz a diferença por excelência. Se necessário, suas aquisições resultam da aplicação de uma força mínima, como se os dados tivessem sido lançados previamente. O potencial acumulado pelo estrategista e a livre disposição de seus recursos tornam-no capaz de aproveitar as ocasiões de tal modo que ele ganha antes de se envolver. É possível aproximar o espírito deste estratagema da filosofia do *awélé*[26], jogo emblemático do continente africano: nele, não se recomenda tomar a iniciativa de saída para conduzir a partida. A acumulação de um potencial de grãos, inicialmente compartilhados, tem por efeito restringir a parte do *outro*, cuja margem de manobra vai diminuindo até que ele seja forçado submeter-se às decisões do *mesmo*.

---

[25] Ver, a esse respeito, as teses do Marechal Lyautey sobre a guerra colonial. Ele assimilava a conquista a uma administração que funciona (ver Lyautey, 1994).

[26] Também chamado, em francês, de *jeu des semailles* (mancala), ver Pingaud (1996), Pingaud e Reysset (1993) e Retschizki (1990).

Força e fraqueza crescem paralelamente em sentido inverso. A recusa de tomar a iniciativa tática, isto é, a curto prazo e com pouco ganho, cria as condições posteriores da iniciativa estratégica, cuja amplitude e resultados não têm comparação. Para fazê-lo, faz um cálculo e uma previsão para tirar vantagem da plena disposição de seus recursos antes de um envolvimento decisório longamente preparado. Na China, o *yin* precede o *yang* como a noite precede o dia; por isso, no jogo de *go*, aquele que possui as peças pretas começa a partida, ao contrário do xadrez. O informe precede a forma, cujo devir é disforme.

A desorganização do *outro* pode manifestar-se tanto no espaço quanto no tempo. O aviador norte-americano John Boyd[27], através de sua teoria da paralisia estratégica, mostra como ganhar velocidade e vencer por meio de um atalho do ciclo chamado OODA[28], que permite ao *mesmo* não se expor ao outro e conseguir janelas temporais de oportunidades, manifestadas sob a forma de vazios na defesa.

John Boyd desenvolve essa teoria a partir da referência tática do encontro entre dois aviões de caça. Aquele que vence é freqüentemente o que se beneficia de uma maior mobilidade instruída por capacidades de percepções, de interpretação, de decisão e de aplicação mais rápidas que seu adversário. Quem Observa, se Orienta, Decide e Age mais depressa que o *outro* dispõe de uma margem de liberdade de ação superior e pode aproveitar esses ganhos de tempo para adaptar o comprometimento de seus recursos. A partir da compreensão do modo de funcionamento do ciclo OODA adversário, é também desejável atrasá-lo travando-o. Como a liberdade de ação em uma situação de concorrência ou de conflito, o ganho de tempo faz a diferença, pois, se um é mais ágil, o outro é mais lento. A vitória cabe a quem for o mais justo temporalmente em sua adequação às circunstâncias e dispor livremente de seus recursos[29].

---

[27] Ver Fadok (1998).
[28] Observar, Orientar, Decidir, Agir, ver www.belisarius.com.
[29] Sobre o conceito de agilidade estratégica decorrente dos trabalhos de John Boyd, ver os de Ana-Cristina Fachinelli.

6
A ESTRATÉGIA ADORA O VAZIO[30]

*Aquele que sabe quando se envolver
faz com que o outro ignore quando se defender.*
Sun Tzu

**Falso pleno e falso vazio – Jogar com as
aparências com artifício – Confundir
sobre o perigo –** *Derivar*

> Simular um ataque ao leste, mas atacar o oeste / Fingir ir hacia el este, mientras se ataca por el oeste / Mener grand bruit à l'est pour attaquer à l'ouest / Clameur à l'est, attaque à l'ouest / Faire du bruit à l'est et attaquer à l'ouest/ Make a feint to the east while attacking in the west / Feint to the east, attack to the west / Make noise in the east and attack in the west

> Durante meses, as tropas de um soberano esforçam-se para tomar uma cidade que resiste com sucesso a um cerco incansável. Ao abrigo das muralhas, os defensores observam os movimentos dos sitiantes, adaptam seus esforços a partir deles e reduzem sistematicamente os assaltos. Diante dessa situação bloqueada, um conselheiro experiente recomenda ao soberano que abandone o mais rápido possível essa relação de equilíbrio estacionário sem outra saída a não ser uma retirada vergonhosa e próxima.

---
[30] Ver *Le Tournoi des dupes*, de Pierre Fayard.

> Para dar novamente vida a essa relação, declara, é preciso dissociar aparência e realidade, enganar a força inimiga e concentrar a nossa em seu local de dispersão.
>
> O tempo passa e uma inatividade desconfortável inquieta os sitiados, que se interrogam com uma angústia crescente sobre as intenções não-manifestas dos sitiantes! De repente, os atacantes fazem grandes preparativos com vistas a uma ofensiva nas muralhas do leste, como se fosse um derradeiro esforço, que, se mal sucedido, colocaria um termo ao cerco. Diante das dimensões da mobilização, os sitiados sentem sua ansiedade diminuir, pois agora conhecem a direção do assalto e podem, em conseqüência, preparar-se ativamente para ele. Seus esforços têm um ponto de aplicação e uma direção.
>
> Ao amanhecer do ataque, as muralhas do leste estão guarnecidas de tropas de elite e todos os instrumentos e materiais de defesa estão ali reunidos. Mas, à noite, os sitiantes, após terem vencido as defesas do oeste, entraram na cidade e obtiveram a rendição de seus adversários, que esperavam o perigo do leste (aparência), ao passo que ele veio do oeste (realidade)! Organizando-se a partir de aparências enganadoras, os próprios defensores prepararam sua vulnerabilidade!

Quando dois movimentos se anulam e uma situação está bloqueada, de nada serve insistir obstinadamente e consumir, assim, seu potencial. *Yang* contra *yang* só culmina em destruições estéreis quando as forças presentes na batalha se equilibram ou quando a vitória não pode ser alcançada. Nenhum desenvolvimento novo permite que a situação evolua e se transforme em um sentido ou outro. Pleno contra pleno tem como única saída o esgotamento mútuo e, na melhor das hipóteses, o *statu quo*[31].

Na cultura estratégica da China antiga, vencer ao preço de grandes destruições é contrário à arte e significa, antes, falta de inteligência e de *savoir-faire*. É necessário, então, provocar movimento, modificações e fluxo nas energias de modo a gerar espaços de liberdade de ação tática, e fazer uso de ritmos contrários para pegar o

---

[31] Em geral, são os protagonistas que se encontram entre os beligerantes que se arriscam mais. Ver o esgotamento das potências européias ao longo das duas guerras mundiais do século XX, que favoreceu a supremacia crescente dos Estados Unidos da América e da URSS.

adversário de surpresa. Foi o caso da manobra alemã da Ofensiva das Ardenas, em 1940, quando o estado-maior francês, confiante na solidez e na concentração de suas melhores tropas na linha Maginot, acreditava-se fora de alcance. Essa presunção cegou-o e a coluna de tanques de Guderian, concentrada em um estreito eixo e apoiada por uma aviação ofensiva e coordenada por rádio, desorganizou em alguns dias um país inteiro dotado, pensava-se, das melhores forças armadas terrestres da época! Mas esse movimento ofensivo não teria provavelmente tido tantas chances de sucesso não fosse a linha Siegfried que, do outro lado do Reno, fazia *pendant* à linha Maginot e polarizava a atenção do estado-maior francês sobre um eixo de focalização não decisivo dos esforços.

Para André Beaufre[32], o vencedor de um conflito é aquele que sabe dominar a interação das vontades dos protagonistas, isto é, seu jogo, o de seu adversário e o confronto de ambos, que se adaptam à mudança das circunstâncias. É a partir dessa dinâmica evolutiva que se deve conceber e conduzir toda estratégia. No exemplo da cidade sitiada, a dinâmica está inicialmente estacionada, o movimento de um é anulado pelo movimento do outro e não há espaço para a vida, para a transformação. Nesse face a face tático, a ação de um *atrela* a do outro, mas o estrategista que compreende isso dá um primeiro passo para a vitória. A partir de então, ele pode dominar conceitualmente o jogo do mesmo, o do outro e sua interação.

A estratégia adora o vazio é tanto mais fácil de aplicar quando o adversário está à espera de uma iniciativa à qual se moldar. Mergulhado em uma expectativa angustiante devido à incerteza, sente-se repentinamente liberado pela informação que lhe dá falsamente o *mesmo*. É então que se envolve em disposições concretas e despende uma energia até então orientada sobre o comprimento de onda *angústia e impossibilidade de ação*! Quanto mais longa a espera, menos inclinado ele fica à prudência quando finalmente os sinais se acumularem para indicar a direção dos esforços.

Para quem escolhe aplicar tal estratagema, temporizar previamente é estratégico e faz parte da própria artimanha! O que se revela como sinal precursor do *yang* (clamor a leste) não é, na verdade, senão desinformação (*yin*) e cria as condições *yin yang* favoráveis ao sitiador a oeste, onde sua força encontra a fraqueza adversária. Este estratagema joga com a relação complexa que existe entre verdadei-

---
[32] Ver Beaufre (1985).

ro e falso, entre real e aparências... Ele modela e conduz a percepção do *outro*, enganando-o quanto aos lugares respectivos do verdadeiro e do falso, do manifesto e do não-manifesto, do *yang* e do *yin*, e o incita a tomar decisões previsíveis e calculáveis. Para conduzir a tensão do adversário, é preciso moldar-se às próprias expectativas do *outro*, a seu sistema de valores e a seu julgamento, mais do que se esforçar a impô-los a ele do exterior.

A eficácia desse jogo avalia-se pelo que o *outro* pensa efetivamente da ação do *mesmo*. Essa monitoração do espírito adversário é uma necessidade permanente, pois os protagonistas, unidos pela interação de suas vontades, não agem independentemente um do outro. O sábio-estrategista eleva-se acima de seu ponto de vista pessoal, ele leva em conta aquele de seu opositor para pensar e gerir a dialética da interação. Sua estratégia integra os três tabuleiros. A natureza de uma expectativa encerra potencialmente uma resposta. Trata-se aqui de uma situação favorável, pois a desordem busca a ordem, a incerteza busca a certeza. No exemplo empregado para ilustrar este estratagema, as disposições defensivas a leste se organizam a partir de sinais não-verificados. Essa manipulação que parece uma ordem será tanto mais eficaz se uma expectativa angustiada a preceder. Para Sun Tzu, o bom general ganha à distância, atacando a estratégia de seu inimigo e manipulando seu espírito.

Em estratégia, a ausência de movimento é prejudicial. O equilíbrio estático não faz parte do reino da natureza, pois a interação permanente e transformadora do *yin* e do *yang* preside seus ritmos. Querer imobilizar um estado de fato, sob o pretexto de que é satisfatório para um dos protagonistas, equivale à pretensão de permanecer eternamente jovem, dominar para sempre ou acreditar que um império é imortal porque os contemporâneos não consideram outra alternativa ou acham que isso é suficiente. Tal estado de espírito prefigura quedas brutais e, freqüentemente, catastróficas. Quando se deseja demais que nada mude, ou se repete que a eternidade de um estado faz parte deste mundo, acaba-se ficando surdo e cego ao trabalho das circunstâncias. A grande estratégia que permitiu ao império bizantino durar mais de um milênio baseou-se em manobras agressivas e dissuasivas permanentes em suas fronteiras. O *nirvana* político não se adquire em uma caixinha de surpresas, tampouco se funda em um breviário de crenças proferidas ritualmente na quente proteção acolchoada de viseiras confortáveis, hoje em dia com freqüência midiáticas e encantatórias.

PARTE II
ESTRATAGEMAS DO FIO DA NAVALHA

Estratégias oportunistas – Estrategias de confrontacion – Stratagèmes de confrontation et des batailles incertaines – Stratagèmes en position de contre-attaque – Stratagems for confronting the enemy – Opportunistic strategies

7 Criar a partir do nada
8 Vencer na sombra
9 Aproveitar-se da cegueira
10 O sorriso do tigre
11 Ganha quem sabe perder
12 A sorte se constrói

Esta segunda família de estratagemas já é anunciada em parte no final da série antecedente. De modo geral, ela se aplica a situações de equilíbrio instável, que podem sofrer uma reviravolta de um momento para outro chegando a uma mudança de estado possivelmente duradoura. O instante é estratégico, os riscos são grandes e o perigo, bem real. Se "o fiel da balança" pende progressivamente para um lado, inverter tal dinâmica se torna logo ilusório, uma vez que o percurso até o extremo oposto se mostra inexorável.

Esta família de estratagemas aplica-se também a situações de bifurcações. Os recursos e as forças tradicionais que um e outro aplicam anulam-se mutuamente, tendo como único efeito a permanência de uma estabilidade frágil e perigosa. É nesse tipo de situação que recorrer à astúcia, ao sigilo e às montagens não convencionais torna-se indispensável para dar lugar a uma perturbação criadora de um estado favorável e duradouro. O senso de ritmo é aqui plenamente solicitado, as janelas de oportunidade, uma vez identificadas, tornam-se breves e devem ser pegas no ar, pois, antes que uma tendência se imponha progressivamente, as reviravoltas sempre podem acontecer.

7
CRIAR A PARTIR DO NADA

*Tudo no universo foi criado a partir de
algo que, por sua vez, foi criado do nada.*
Lao Tseu[33]
Todo bajulador vive às custas daquele que lhe dá ouvidos.
Jean de La Fontaine[34]

**Quando a miragem cria a realidade – Tudo desse
mundo procede do nada – O corvo e a raposa –
Desencadeador do futuro –** *Criar*

> Criar algo do nada / Crear algo a partir de nada / Transformer le mirage en réalité / Créer quelque chose à partir de rien / Là où il n'y a rien, inventer quelque chose / Create something out of nothing / Make something out of nothing

Um conselheiro sem mestre, sem nenhum apoio e sem dinheiro, não pode contar senão com sua inteligência e com sua astúcia para encontrar um empregador. À espera de qualquer informação útil, descobre que um rei sem rainha e apaixonado por mulheres mantém várias concubinas. De que forma tirar proveito dessas informações conhecidas por todos para conseguir um emprego para si? Certa noite, ao ver passar o cor-

---

[33] In Tseu (1980).
[34] O Corvo e a Raposa, Fábulas de La Fontaine.

tejo real pela cidade, o conselheiro desempregado fala em voz alta da beleza, da graça, da delicadeza e da sensualidade das damas de um reino muito distante. Ao escutá-lo, o monarca solicita que o convoquem imediatamente e lhe dá a missão de retornar com algumas dessas criaturas de sonho. O conselheiro, lamentando muito, confessa seu estado de indigência! Para o rei, no entanto, isso não faz diferença alguma, e ele lhe concede uma grande quantia para seus gastos e pelo serviço prestado.

Ao saberem da novidade, as concubinas ficam desarvoradas: nós, que mal conseguimos manter uma harmonia em nossas relações, que funesta concorrência se revela em nosso horizonte! No mesmo instante, convocam o conselheiro a fim de convencê-lo a não levar a cabo sua missão. Mas o rei me pagou e eu me comprometi!, protesta ele. Não importa, nós lhe daremos o triplo para que você não honre seu compromisso com o soberano. Cumprem em seguida sua promessa, dando-lhe metade da quantia proposta e deixando o restante para depois, conforme os resultados! Da situação de penúria em que se encontrava, o conselheiro fica duplamente rico, mas como garantir a duração e a segurança de tal situação?

O tempo passa e chega o momento de prestar contas ao rei. Antes, porém, o conselheiro faz uma visita noturna às concubinas e lhes ordena que finjam estar doentes para não satisfazê-lo nas noites que antecedem sua convocação. Para coroar com sucesso a missão que elas lhe confiaram, solicita-lhes ainda que adentrem na corte real com seus mais belos atavios e jeitos, exatamente no momento em que estiver diante do rei. E lhes roga, por fim, que façam uso de todos os artifícios que sua inteligência e experiência conceber para seduzir e enlouquecer o monarca com seu charme. Chega então o momento crítico.

Quando o conselheiro entra no palácio, o rei se espanta ao vê-lo sozinho, porém logo o cortejo encantador das concubinas entra em cena. Bruscamente, o conselheiro se joga ao chão, prosterna-se, geme, empalidece, arranca os cabelos, rasga a roupa e se maldiz reivindicando sua condenação à morte imediata... O rei, surpreso, pede que se cale. Por que gemer e, sobretudo, por que veio sozinho? O desespero do conselheiro aumenta e ele se acusa de mentiroso e velhaco (o que é verdade), desprovido de inteligência e discernimento (o que é mentira).

Essas damas que acompanham o rei – declara em desespero de causa – são sem dúvida alguma as criaturas mais graciosas, mais delicadas e distintas, mais elegantes e refinadas, mais magníficas que a face da Terra jamais teve a oportunidade de contemplar! Seu senhor é um homem abençoado pelos céus, sua glória ultrapassa os rios, as montanhas e os oceanos... O homem amado por essas mulheres não é somente o mais rico, o mais justo e o mais sábio, é também motivo de glória para o povo que o tem como soberano... Aquelas damas que se encontram longe daqui, cujos méritos minha pretensão levou a vangloriar, não passam de flores pálidas e passageiras... seria ultrajoso apresentá-las a tal monarca. Eu, que me vangloriava de poder aconselhar os príncipes e os monarcas, não passo do mais miserável dos ignorantes e não posso continuar sendo um estorvo!

Extasiado com esse discurso proclamado em público em seu palácio, mas igualmente pela magnificência de suas concubinas, o rei conclui que esse conselheiro tem efetivamente um gosto primoroso. Ordena, assim, que seja perdoado e que lhe seja concedido um cargo fixo na corte. Quanto às concubinas, experientes que são, percebem que se trata realmente de um conselheiro precioso, uma vez que sabe defender ao mesmo tempo os dois lados opostos de uma causa sem deixar de trabalhar em sua própria causa pessoal!

Diz-se das pessoas inovadoras que elas sabem se projetar no futuro, pois adivinham antes dos outros o que o presente pode trazer. É fazendo uso das tensões existentes na esfera de uma situação, isto é, das inclinações e dos sentimentos do rei e de suas concubinas, que o conselheiro sem trabalho imagina e desenvolve o dispositivo que dá progressivamente consistência a seu propósito de conseguir um emprego. A concepção e a articulação deste estratagema requerem a criação de um espaço, matriz e vazio, propício para que a manigância brote e se desenvolva. Esse vazio, porém, não flutua no nada, ele vai se enraizando nas paixões (potenciais) dos atores da corte. Aos poucos, é inervado e, de certo modo, vascularizado pelos efeitos da dinâmica das interações entre os atores, e é exatamente isso que funda a margem de manobra do estrategista. O projeto, ou o inexistente, abre caminho para a luz e ganha consistência sob o efeito da implicação das tensões dos atores envolvidos e de uma notável inteligência criativa aliada a um grande senso de ritmo, cujos momentos mais produtivos atualizam as mudanças qualitativas na situação. Criar a partir do nada se revela provavelmente um dos mais emblemáticos, não somente desta série, mas do conjunto dos trinta e seis estratagemas e, mais ainda, da cultura estratégica da própria China antiga. Ele funciona na relação dinâmica que liga, de um lado, o não-existente, o não-evidente, o obscuro e o escondido (*yin*) ao, de outro, existente, reconhecido e validado, ao que aparece claramente (*yang*). O manifesto observável por todos deita raízes no não-existente, no não-manifestado, no que não se vê. Não há corte ou ruptura definitiva entre esses dois estados, "consubstancialmente" associados, poderíamos dizer, e interdependentes de tal modo que, ao se definir, um define o outro, dando-lhe origem... E quanto ao ciclo das transformações, tudo é somente uma questão de ritmo, que a inteligência humana é capaz de acelerar ou retardar. O invisível constitui os limbos e a matriz do que, no futuro, será tangível e aceito por todos. Tirar partido dessa lógica exige, além de um certo sentido de encenação, um senso de adequação fundado em uma visão estratégica global e flexível.

O estratagema número sete tece a trama de uma realidade produzida pelo próprio jogo das interações entre os atores. A intervenção do estrategista é mínima, mas sempre em momento oportuno. Utiliza-se do potencial de um contexto inicial, que ele orienta no sentido da viabilização e depois da criação de uma situação favorável. Como o rei gosta das mulheres (política, *fim*), o estrategista lhe mostra a possibilidade de realização dessa finalidade. Conduz, assim, a estratégia do rei, aproveitando-a para seu próprio enriquecimento (estratégia, *meio*). Como não existe rainha, mas cada concubina pode esperar tornar-se uma um dia (política, *fim*), todas querem impedir um aumento de rivalidade que a chegada de concorrentes novas e exóticas acarretaria (estratégia, *meio*). É de interesse das concubinas, portanto, reagir à mudança da situação, solicitando a colaboração do conselheiro, ao qual elas retribuem como convém. Este, por sua vez, operacionaliza as estratégias desses atores (*meio*) para dar corpo a seu objetivo de conseguir um emprego (*fim*).

O espaço é mobilizado através de um uso específico dos lugares: passeio do rei, reino distante, onde ficam as criaturas de sonho, palácio das concubinas, corte do rei. As rupturas de ritmo conferem rapidez e realidade ao que vai se tornando substância. O pequeno potencial inicial (*yin*) ganha vigor e se revela *yang*. A atenção se concentra (pleno) na aparência, no não-existente (vazio). Para que a atenção (pleno) se concentre em uma manobra diversionista (vazio), é desejável que esta surpreenda satisfatoriamente por seu aspecto perturbador, ou mesmo paradoxal.

Este estratagema, que funciona também na alternância do falso e do verdadeiro, da ilusão e do real, pode ser esquematizado segundo três fases sucessivas que invertem as posições dos contrários como, por exemplo, o sentimento do perigo ou sua ausência. Consideremos uma outra história emblemática que ilustra este estratagema número sete. Uma cidade sitiada, impossibilitada de avisar seus aliados para que venham em seu socorro. Todos os mensageiros são capturados de imediato e executados. É aí que o estratagema pode intervir. Um belo dia, a ponte levadiça da cidade se abre e um pequeno grupo de cavaleiros por ela passa. Prontidão, mobilização geral do bando adversário para impedir a saída! Mas os soldados da cidade instalam placidamente alguns alvos nas muralhas, treinam tiro ao alvo e voltam depois, ao final de uma hora de exercício. Essa atividade se repete regularmente à mesma hora, tanto que a vigilância dos sitiantes diminui até ficar completamente ausente ao toque do meio-dia! É nesse momento então que um cavaleiro consegue sair, atravessar as linhas desmobilizadas e transmitir o alerta aos aliados, que acodem e salvam a cidade sitiada. Nesse exemplo, os mensageiros eram sistematicamente eliminados; mas quando os sitiantes se convencem de que se trata de um ato sem importância (miragem), a situação se torna então madura para a verdadeira ação.

O estratagema pode ser esquematizado da seguinte maneira: nós desconfiamos e nos protegemos daquilo que tem reputação ou que apresenta sinais de ameaça quando esta se manifesta (1). A atenção fica polarizada no aparente e uma atitude de zelo e desconfiança a acompanha. Mas, com o passar do tempo, se o sinal de perigo for apenas ilusório, a vigilância relaxa até chegar a uma ausência de reação (2). É desse modo então que a situação se torna favorável para que a ilusão de perigo viabilize com segurança um ato bem real, que tem tempo e vantagem para se concretizar (3). Em outras palavras, é importante que o "verdadeiro apresentado como falso" (1) seja dessa forma entendido pelo adversário como falso, pois isso acarreta em seguida uma manifestação real tranqüila (2), já que tomada como ilusória (3). A miragem abriga a criação do real através da relação entre o verdadeiro e o falso, o existente e o não-existente.

O *timing* é estratégico, pois, se há atraso, o estratagema acaba se revelando. Tal lógica está na montagem de projetos de multiparcerias, onde um participa somente se outros fazem parte também. O apoio, mencionado mas não assinado, do banqueiro a um negócio resulta na implicação do segurador, que tranqüiliza o primeiro parceiro, que acaba levando o segundo... Ao final, tudo é uma questão de inteligência, rapidez e ritmo. O dispositivo transforma o pleno (a vigília, a desconfiança e a não-adesão) em vazio propício (a não-vigília, a confiança e o movimento), e quando o *outro* se dá conta da manobra, é tarde demais e as apostas já foram feitas!

Se esse estratagema é interpretado em um contexto conflituoso, o *blefe a*plicado inicialmente não tem por intenção enganar o adversário, mas, ao contrário, incitá-lo a considerar sua verdadeira natureza de golpe inofensivo (1). Quando está convencido de que não passa de areia nos olhos, deixa de ter desconfiança (2) e o interpreta como miragem de uma "realidade". Para o estrategista, a *força real* aumenta na segurança das *aparências*. A ilusão (*yin*) gera a força (*yang*), o verdadeiro é amenizado no falso, enquanto caminha para o objetivo final. O fingimento tem precisamente como objetivo ser identificado como tal. Com isso, o *outro* é enlaçado pelo jogo e pela iniciativa do estrategista que comanda a alternância das fases com um passo à frente. A não-substância pode se transformar em seu contrário a partir do momento em que o *outro* a identifica como não-substância. A exemplo de qualquer estratagema, este sétimo é regulado e modelado a partir das representações, dos valores, ou mesmo das convicções do *outro* e é a partir disso que a ardileza se cria.

8
VENCER NA SOMBRA

Atacar em plena luz do dia, vencer em segredo.
SunTzu
Embora o dispositivo estratégico se resuma a duas forças, regulares e excepcionais, elas engendram combinações tão variadas que o espírito humano é incapaz de apreender todas. Uma vai produzindo a outra para formar um anel que não tem fim nem começo.
Sun Tzu

Envolver-se no visível, vencer no invisível – Gesticulação diurna, ação noturna – *Desviar*

Fuga secreta por Chen Cang / Aparentar tomar un camino mientras se entra a hurtillas por otro / Une trompeuse apparence / Montée discrète à Chencang / Réparer ostensiblement les passerelles de bois, marcher secrètement vers Chencang / Construire bruyamment des passerelles de bois le long de la falaise / Se donner une apparence trompeuse tout en cachant la véritable intention d'attaque / Advance to Chencang by a hidden path / Pretend to advance down one path while taking another hidden path / Secret cross at Chencang

Durante décadas, os reinos da Planície e da Montanha travaram guerra permanente, alternando períodos mais ou menos intensos. Em seu último confronto, a Montanha invadiu a Planície, mas sofreu finalmente uma derrota humilhante, perdendo suas províncias piemontesas. Retirando-se de cena apressadamente, a Montanha queimou a única ponte de madeira que teria permitido à Planície invadi-la facilmente, sendo as outras vias de comunicação de difícil acesso devido a um relevo irregular.

Com isso, isolada e protegida, a Montanha trabalha secretamente para a revanche: treina suas tropas e acumula material de guerra. Enquanto a ponte de madeira, que vigia permanentemente, permanece destruída, a Planície sente que está em segurança. A par dos preparativos de sua rival, a Planície permanece confiante em seus recursos numérica e qualitativamente superiores, instalados junto à ponte e com excelente comunicação com a capital. Sua rede de espiões no reino adversário toma conta do resto.

Um belo dia, a Montanha parece se sentir bastante forte para dar início à revanche e começa a fazer às claras o conserto da ponte de madeira, incendiada por ocasião de sua retirada humilhante. A Planície não se alarma muito, mas concentra recursos suficientes do outro lado da ponte, a fim de prevenir e decepcionar qualquer veleidade de incursão. A serenidade reina no campo vencedor do último conflito. Ele focaliza sua atenção na evolução dos reparos da ponte e no aumento de potência dos recursos inimigos que a acompanha. Assim, o reino da Planície, preparado para qualquer eventualidade, saberá enfrentar.

Mantendo uma cortina de forças de seu lado da ponte, a Montanha transfere sorrateiramente durante a noite a maior parte de suas tropas por caminhos acidentados e não vigiados pela Planície. Na manhã seguinte, invade na mais absoluta surpresa as províncias que havia perdido, bem como algumas cidades sem defesa do reino da Planície. Desprovidas de suporte logístico e apartadas de suas retaguardas, as tropas da Planície, concentradas do outro lado da ponte, rendem-se rapidamente, tomadas pela surpresa e devido a um total isolamento.

Este estratagema de número oito permite abordar a teoria das duas forças que caracteriza a cultura chinesa da estratégia. A força *Zheng* ou *Cheng* designa o que é ortodoxo ou clássico em termos de recursos, de maneiras de proceder, de momentos e de lugares de interação. Ela reúne tudo o que indivíduos beligerantes podem realizar de modo convencional. A força *Ji* ou *Ch'i*, ao contrário, designa o conjunto dos procedimentos, métodos e recursos não-ortodoxos, incomuns, para chegar aos fins. *Zheng* e *Ji* definem-se mutuamente tanto pela oposição quanto pela complementaridade de seus respectivos traços. A existência de uma supõe necessariamente a de outra, e a eficácia exige que sejam aplicadas com bom senso e articuladas conjuntamente. Tanto o terrorismo quanto as múltiplas guerrilhas usam de maneira privilegiada a força *Ji* devido a suas deficiências em meios convencionais.

Em 1940, a Linha Siegfried e a Linha Maginot, que lhe fazia *Rendant*, encarnavam a força *Zheng*[35]. Em contrapartida, a ofensiva alemã pela região das Ardenas utilizou a força *Ji*. Nenhuma dessas duas forças é recomendável ou condenável em si, de maneira exclusiva. A arte *estratagêmica* reside em uma combinação de tempos, lugares e procedimentos, cada uma escolhida em função das expectativas e disposições adversárias, a fim de concretizar uma ação eficaz.

Uma das particularidades dessa abordagem das duas forças é que os recursos que elas designam respectivamente não entram de modo absoluto e exclusivo em uma *ou* em outra das categorias. Quando um movimento, inicialmente *Ji* por seu caráter irregular, como um desvio repentino, é identificado, sua natureza é inevitavelmente modificada e ele se torna *Zheng*, manifesto, visível e observável (*yang*). Dessa forma, a força, inicialmente *Zheng*, que determinava a atenção e os recursos adversários, pode se transformar em *Ji* e tomar *o outro* despreparado. É por isso que um *Ji* identificado se transforma em *Zheng* e vice-versa.

Essa combinatória, sem limite no tempo e no espaço, molda-se às representações e expectativas do *antagonista*, bem como à interpretação que este faz da interação e da maneira como a percebe. Além desse entendimento, o uso pertinente dessas duas forças é uma questão de ritmo e de antecipação. O tratado dos *Trinta e Seis Estratagemas*[36] recomenda "assediar o adversário por meio de um método convencional que, por sua vez, esconde um método excep-

---

[35] Esse episódio corresponde ao início do conflito franco-alemão de 1940. Foi por meio de uma ofensiva que rompia a neutralidade da Bélgica que os exércitos alemães conseguiram desequilibrar todo o esquema defensivo francês e outros mais.
[36] Ver referências bibliográficas.

cional, visando surpreendê-lo e impedi-lo de qualquer ataque", recomenda Shi Bo, autor de uma interpretação desse texto. A menção dessas duas forças é encontrada abundantemente no conjunto da literatura estratégica chinesa. Quando Mao Tsé-tung utilizava o *slogan* "caminhar sobre suas duas pernas", estava designando a necessária dinâmica complementar entre o Exército Vermelho regular (*Zheng*) e os guerrilheiros (*Ji*) disseminados como "peixes na água" nas regiões controladas pelo inimigo. Essa teoria destaca toda a importância atribuída na cultura do estratagema à flexibilidade adaptativa e ao sentido de ritmo, pois a realidade é uma transformação permanente e, à imagem da água, a estratégia se adapta às circunstâncias. Aparentando fraqueza, o forte ganha mais facilmente, uma vez que não provoca uma grande mobilização da parte adversária.

Tudo é regulado por meio da rapidez em relação à percepção e às disposições adversas, e esse comportamento estratégico do *mesmo* traz conseqüências para as decisões do *outro*. O fraco pode ganhar provocando a dispersão ou ainda concentrações adversárias sem propósito ou isoladas. No exemplo emblemático mencionado, os recursos da Planície estão solidamente estabelecidos nos arredores da ponte (*Zheng*), o que significa necessariamente a existência de deficiências em outros lugares lidas pela Montanha como oportunidades às quais se adequar. No último conflito mundial, as sólidas defesas britânicas da Ilha de Singapura (*Zheng*), na Ásia do sudeste, controlavam o mar a oeste, ao sul e a leste, mas o ataque japonês (*Ji*) chegou do norte, por trás do país malásio, sem defesas conseqüentes.

Este estratagema de enganosa simplicidade pode ser usado para se pensar de maneira mais global a conduta de uma interação entre protagonistas. Quando dois atores estão em combate ou colaboram entre si, manifesta-se uma relação de interdependência, segundo a qual o movimento de um acarreta uma reação do outro, que não pode ficar insensível a seu interlocutor. Nada mais lógico do que isso. Aquele que vai além da mera consideração de seus meios e de seus objetivos, para refletir e conduzir a própria *relação*, domina as condições gerais da interação. Ele pode, então, aspirar a dirigir suas forças, as de seu adversário (ou colaborador) e as modalidades de sua dinâmica interativa.

Quando o reino da Montanha dá início ao reparo da ponte de madeira, sua ação visível (*Zheng*) produz e aciona a força *Zheng* do reino da Planície em detrimento da guarda das vias montanhosas, que se tornam então favoráveis! A Montanha não conta somente com seus próprios recursos, mas interfere naqueles de seu adversário, pois conhece sua estratégia e seu modo de raciocínio: esperar e conter de maneira tática o perigo do outro lado da ponte. Reforçado por essa convicção, o comportamento da Planície fica então legível, previsível, e passa a ser esperado por seu rival. Mais do que atacar apenas as forças *Zheng*, a Montanha compõe a relação estratégica em sua globalidade, isto é, em uma escala mais ampla, chegando ao nível de controle da própria interação. Os sinais dados do movimento normal (*Zheng*) do reino da Montanha em busca de revanche *tranqüilizam* a Planície e liberam sua angústia[37] quanto ao *onde e quando seu adversário atualizará a vontade de vingança*.

Ao agir sobre suas próprias disposições de maneira ostensiva, a Montanha conduz e *modela* as reações da Planície! Sua manobra determina, portanto, para a Planície, como um relógio, um calendário, uma forma de organização da ação, e é no vazio estratégico e não nas proximidades da ponte, que essa representação cria as condições de vantagem à Montanha.

Inteligência e ritmo permitem coordenar as combinações constantes de *Zheng* e *Ji* em função da evolução das situações, das estratégias e das expectativas. Lá onde o raciocínio da Planície é tático e local, o da Montanha é estratégico e global. De um lado e de outro da ponte, a economia dos recursos e a liberdade de ação tendem mais para a Planície, mas no *grand champ*[38] [área de jogo], os dois princípios estão a favor da Montanha. Foi com base nesse modelo que a grande estratégia marítima do Império britânico abafou a supremacia continental francesa (tática), dominando os mares (estratégia) que lhe abriam o mundo.

Engana-se quem considera artifícios e estratagemas somente como expedientes temporários resultantes da tática. A cultura do estratagema em sua versão chinesa requer uma verdadeira visão estratégica global baseada na interdependência dos jogos e das divisões, bem como da transformação permanente da realidade. É assim que ela se torna atual no mundo do século XXI. Este oitavo estratagema mostra como provocar uma concentração tática anta-

---

[37] Objetivamente, a Montanha *oferece* uma economia de reflexão à Planície.
[38] No *rugby*, esse termo designa a parte do terreno onde o espaço está aberto e os jogadores, mais desconcentrados. Além disso, jogar nesse espaço significa utilizar o espaço vazio e livre, o que requer mobilidade, espírito de iniciativa e vontade de dominar o jogo.

gonista a fim de abrir margens estratégicas com segurança. Fazendo a travessia pelos Alpes, Aníbal e, depois, Napoleão Bonaparte pegaram desprevenidos romanos e austríacos, que não os esperavam na saída dos desfiladeiros.

9

APROVEITAR-SE DA CEGUEIRA

O bom estrategista domina a arte do tempo.
Sun Haichen[39]

A espera estratégica – Nada se perde, nada se cria, tudo se transforma – A alegria de uns é a tristeza de outros – A inação antecede a ação – Incendiários e bombeiros – *Crescer*

Observar o fogo do outro lado do rio / Observar los fuegos que arden al otro lado del río / Contempler l'incendie sur la berge d'en face / Observer l'incendie sur la rive opposée / Contempler l'incendie de la rive opposée / Observer le combat en attendant que les deux adversaires s'entretuent pour en tirer profit / Watch the fire burning across the river / Watch the fire from the opposite shore / Watch the fire from across the river

---

Uma ostra repousa ao sol expondo suas válvulas quando um martim-pescador se atira bruscamente sobre ela. Enquanto ela se fecha rapidamente, ele introduz seu bico no interior da concha para matar a fome. O pássaro protesta: você é minha e não pode escapar desse modo! O molusco replica: e você, em compensação, não poderá me comer, pois não soltarei seu bico. Mas

---

[39] In Haichen (1993).

> você vai morrer se ficarmos assim!, protesta o martim-pescador. Pois você também, caro pássaro, uma vez que não poderá se alimentar, retruca a concha.
>
> E o martim-pescador vai ficando cansado por voar com dificuldade de tanto que a ostra pesa, e esta aperta ainda mais o bico do predador... O sol se põe e nenhum dos dois desiste. Embora enfraquecidos, os ruídos da luta desesperada se propagam pela superfície da água. Aparece então um mocho que apanha o martim-pescador, incapacitado de voar eficazmente, e o leva. A ostra livre acaba caindo das alturas e se quebra numa rocha, sendo levada ao fundo do mar por seu peso. Os camarões sempre à espreita se alimentam de sua carne sem nenhuma defesa, e a ave é devorada pelo mocho.

Quando os protagonistas em combate ficam tão obstinados a ponto de perder a visão global, tornam-se vulneráveis a atores externos, que acabam ganhando com sua cegueira. Este estratagema demonstra a que ponto uma rigidez tática desvia a atenção dos *fins* que se persegue em proveito exclusiva e fatalmente de uma oposição vã de vontades. De modo imagético, tanto a ostra quanto o martim-pescador querem sobreviver (*fim*), mas a refeição da concha pelo pássaro não passa de um *meio* dessa sobrevivência, e não sua *finalidade* suprema e única. As alternativas no caso da ostra são mais reduzidas, pois não resistir, no seu caso, equivale a ser comida, isto é, desaparecer em curto espaço de tempo.

A história mostra de que maneira os combates sem trégua, que esquecem seu porquê e perdem de vista a realidade de um contexto global, não somente esgotam seus protagonistas, como reforçam relativamente o poder daqueles que se encontram no entorno. Foi assim nos dois conflitos mundiais do século XX, em que a Europa ocidental saiu vencida em proveito da URSS e dos Estados Unidos, cujo papel internacional tornou-se preponderante, ao passo que a potência internacional tanto da França, da Grã-Bretanha, como da Alemanha ficou reduzida consideravelmente em relação ao que era antes de 1939. Mais recentemente, a guerra entre Irã e Iraque reproduziu esse mesmo modelo.

Do individualismo e da defesa cega e resoluta de interesses particulares resultam conflitos que enfraquecem as partes envolvidas. Isso dá força a juízes externos que se utilizam da situação trazendo a ordem, como faz o mocho, ao dar uma solução ao dilema irredutível entre a ostra e o martim-pescador. Mediador "imparcial" e necessário, já que o conflito não tem solução alguma, e por isso também convocado pela própria situação, sua "oferta de serviço" está acima das opções insolúveis dos protagonistas em combate. O novo equilíbrio alcançado passa pela redução ao silêncio daqueles que insistem em considerar *somente* seus interesses particulares, sem levar em conta o perigo vital que a redução a essa opção representa! Com isso, o mediador providencial não age apenas com suas forças para a concretização de seu objetivo, mas utiliza as dos irredutíveis antagonistas em seu benefício[40]. Como não evocar a tranquila conquista das cidades gregas por Felipe da Macedônia, que fez uso de seu grande *savoir-faire* e das mais altas competências dessas cidades para entrar em conflito, e que, ao final, se enfraqueceram mutuamente até que Felipe as integrasse a seu reinado. Os interesses sectários e particulares arruinaram o precioso bem que elas tinham em comum: a independência!

Nesta segunda família de estratagemas, a das batalhas indecisas, a visão estreita, a precipitação e a ação em momento inoportuno provocam configurações prejudiciais aos protagonistas oponentes, cegos à consideração do contexto estratégico de sua oposição. Protegido e fora de perigo, é vantajoso para um estrategista poder observar calmamente o jogo de crenças e dissensões, pois elas estabelecem margens de liberdade de ação para ele. Encorajar essa cegueira torna previsível o comportamento dos atores envolvidos, o que cria, por sua vez, as condições para a intervenção estratégica no momento oportuno. É bom esperar que a evolução das situações revele oportunidades por si mesma. Mas, ao contrário, manifestar sua vontade cedo demais e ostensivamente pode acabar favorecendo uma união dos inimigos do passado contra a incursão de um terceiro no jogo, ou seja, o estrategista. O fechamento de um conflito em si esgota os atores, ao mesmo tempo em que terceiros se enriquecem relativamente com isso. No momento propício, estes recolhem a bolada em detrimento dos beligerantes irascíveis.

Dessa forma, uma ação precipitada, mesmo contra o lado mais fraco de uma querela, pode provocar uma mobilização geral e calar as dissensões internas. A não-implicação aparente e a paciência (*yin*) são favoráveis, pois permitem aos potenciais agressivos desen-

---

[40] Pode-se dizer que cada um dos beligerantes em combate perdeu sua liberdade de ação, sua capacidade de agir a serviço de sua própria sobrevivência.

volverem-se, fazendo com que percam o norte do interesse comum que os une. Um *yang* incontrolável nos *outros* prepara a situação para a intervenção futura do estrategista-sábio que sabe agir em momento oportuno. Quando se permite que as dissensões cresçam e se desenvolvam dentro de uma aliança concorrente, a força e a energia da aliança deixam de se focalizar na conservação da unidade, na coordenação e na ação externa, desgastando-se em conflitos internos. Em contrapartida, para um estrategista exterior, trata-se de uma excelente aplicação do princípio de economia dos recursos, pois, enquanto preserva os seus, outros os desperdiçam. Essa não-implicação não significa de modo algum ficar sem fazer nada, mas agir com tato, inteligência e de forma oportuna. A espera estratégica ainda é uma arte difícil e perigosa.

10
O SORRISO DO TIGRE

Quando o inimigo quer atacar, pense em negociar.
Quando ele quer negociar, pense em atacá-lo!
Sun Tzu

Quem tem mel nos lábios esconde o crime no coração.
A boca é tão doce quanto o mel, mas o estômago é
tão perigoso quanto o sabre!
Provérbios chineses

O prazer dos olhos – *Adoçar*

> Uma adaga embainhada em um sorriso / / Ocultar la daga tras la sonrisa / Ocultar las intenciones agresivas detrás de una fachada agradable / Cacher une épée dans un sourire / Cacher un poignard derrière un sourire / Cacher un poignard dans un sourire / Bouche de miel, cœur de fiel / Conceal a dagger in a smile / Hide a dagger with a smile / Hide a dagger in a smile

Você está dirigindo seu carro na cidade e pára bruscamente porque um cachorro atravessa a rua. O carro que vem atrás também freia, mas acaba batendo em sua traseira. De acordo com o código de trânsito, ele é culpado. Seguindo a lógica, você se sente autorizado a se irritar, a gritar em nome do respeito às regras e a exigir uma reparação. O motorista culpado, por sua vez, prepara-se e articula argumentos a partir dos indícios sutis reforçados por uma certa má fé. Enquanto estrategista experiente, você joga com o paradoxo.

Sua primeira reação após sair do carro é verificar, com muita atenção e compreensão, os danos causados ao veículo que vinha atrás e mostrar preocupação com o estado físico e psicológico do outro motorista. Privado de ponto de apoio, a vontade de resistir e de contestar deste se desfaz tão rapidamente que ele não tem mais forças contra sua intransigência, simpática, porém implacável, para que preencha conforme sua visão dos fatos a ocorrência do acidente!

✳

O ditador de um Estado petrolífero rico e potente deseja estender seus domínios. Na fronteira do sul, subsiste um emirado ridiculamente pequeno, mas muito rico em jazidas, governado por um jovem príncipe inexperiente e solteiro. Sua conquista militar não duraria mais do que algumas horas. Porém, um sábio e antigo conselheiro desse jovem príncipe, ao desconfiar de seu vizinho expansionista do Norte, sugere a realização de alianças sólidas e múltiplas com potências distantes, para tornar impossível uma anexação.

A fim de alcançar a seu objetivo com menos dificuldade, o ditador oferece a mão de sua própria filha primogênita em casamento ao príncipe, que não pode recusar aquilo que parece selar um pacto familiar. Depois, utilizando uma certa propaganda, o ditador convoca seu Grande Conselho, tendo como ordem do dia as principais questões do Estado, ou seja: os projetos de expansão não somente econômica, científica e tecnológica, mas também territorial! O que então lhe sugerem aqueles conselheiros mais devotados?

Depois de algumas palavras evasivas, um deles ousa evocar a riqueza do emirado pouco protegido do Sul... O Guia Supremo fica repentinamente enfurecido diante de tal recomendação feita por seu próprio genro! Pouco depois, fica-se sabendo que esse conselheiro sofre um acidente fatal. A vida continua e o jovem príncipe do Sul quase não sente mais desconfiança em relação a seu vizinho setentrional. Os meses passam.

Chega uma nova convocação do Grande Conselho, com a mesma questão do ditador e a mesma sugestão timidamente refeita de anexação do emirado. O infeliz que ousou lançar tal sugestão é, dessa vez, executado publicamente! Totalmente tranqüilizado acerca das intenções de seu poderoso vizinho, o príncipe dispensa o velho sábio que o importuna com seus temores! É assim que o emirado é conquistado em apenas algumas horas e se torna a enésima província do Estado do Norte[41]!

✳

Em um passeio pelos *souks*[42], o visitante cansado aceita o convite sorridente do vendedor para entrar e descansar por um momento em sua tenda: só para "o prazer dos olhos"[43] – não para comprar! A conversa se estabelece de maneira informal e descontraída. Visitante e comerciante dividem um, depois dois, depois três chás de menta. Como é gostoso descansar na sombra! De onde você vem? – pergunta um –, você está em viagem de negócios, tem filhos... eu tenho dois... e sua mulher...?

Quem olha de fora pensa: nada mais do que uma simples troca de banalidades! Na verdade, trata-se de uma perigosa e insidiosa operação de inteligência que o ardiloso vendedor constrói para pegar desprevenido o visitante, mergulhado no conforto confiante de uma relação cordial. Chega o momento de partir e é aí que a história se inverte, pois como poderia o visitante, que veio sem sua mulher e seus filhos, voltar sem um presentinho para cada um, para aqueles que ele tanto ama... nem que seja apenas para tranqüilizar sua consciência? E ele acaba comprando!

Por que agir de maneira *Zheng*, que é por definição custosa e arriscada, quando a via *Ji* permite ser bem-sucedido de forma econômica? No contexto de uma interação que une os feitos e gestos dos protagonistas em uma dinâmica global e complementar, a manifestação externa de um sorriso leva ao relaxamento. Este décimo estratagema combina dois planos: de um lado, o de uma ilusão enganosa, cuja função consiste em fazer com que o *outro* baixe a

---

[41] Evidentemente, esse exemplo é fictício. Qualquer semelhança com fatos reais deve-se meramente ao acaso.
[42] Mercados árabes tradicionais, espalhados pelas pequenas ruelas das cidades.
[43] A expressão em francês *plaisir des yeux* é muito usada nesses mercados árabes da África do Norte.

guarda e, de outro, aquele bem real, relativo a uma determinação escamoteada. O verdadeiro objetivo é encoberto sob uma aparência bonachona, um espírito cordato que tranqüiliza e transmite confiança como que por contágio. No primeiro exemplo, o estrategista age paradoxalmente, ou seja, com simpatia no momento em que se esperava que ele agisse de forma agressiva. Conseqüentemente, aquele que se preparava para argumentar e resistir modifica também seu comportamento. O ponto de apoio que utilizava para se defender é suprimido. Diante de uma pessoa tão compreensiva e cordial, por que brigar?

A estratégia adora o vazio, pois nele se realiza mais facilmente. Este estratagema é baseado na relação dialética desconfiança/confiança e em um diferencial de ritmo entre a lentidão daquele de quem se ganha a confiança e o estrategista, que mantém a possibilidade de bruscas acelerações mantendo a aparência tranqüila, pacífica e inofensiva. A confiança funciona a longo prazo com a amplitude de uma rítmica serena. Deixar essa forma de entorpecimento de maneira repentina é delicado e exige, no mínimo, uma fase de adaptação. Em outras palavras, profundas disposições *yin* tornam impróprio o enfrentamento com uma repentina ofensiva *yang*. Muito pelo contrário, o *yin* acolhe o *yang*. Uma vez desaparecida a carapaça de proteção dentro de um clima descontraído, uma ofensiva tática breve e concentrada leva à decisão.

Este estratagema do *tigre sorridente* adapta-se particularmente às situações de batalhas e concorrências indecisas, em que é preferível agir dissimuladamente. Uma atitude pacífica permite adquirir inúmeras informações a respeito da situação do outro e das qualidades de seus vínculos e de suas alianças. Essas informações serão aproveitadas em seguida na mudança de fase, momento da ação breve e decisiva, que soa como um trovão em um céu sereno e límpido. Durante negociações, demonstrar nada querer permite que se tenha acesso a confidências secretas que jamais viriam à tona se predominasse a desconfiança. Só depois de penetrar suavemente, como o vento, nos interstícios criados, é que o exterior e a aparência bonachona se transformam em seu oposto.

11

GANHA QUEM SABE PERDER

Sacrificar os detalhes para realizar as grandes metas.
Provérbio chinês

*Quando os protagonistas têm a mesma força,
o uso da estratégia garante a vitória.*
Sun Bin

Os trunfos da fraqueza – Perder um pouco para ganhar muito – Calcular o sacrifício – O sacrifício útil – Ganhar a guerra e não as batalhas – A parte pelo todo – *Sacrificar*

A ameixeira morre no lugar do pessegueiro / Sacrificar el ciruelo por el melocotón / Se sacrifica un árbol para salvar a otro / Stratagème du sacrifice / Sacrifier le prunier pour sauver le pêcher / Le prunier se dessèche à la place du pêcher / Le prunier malade dessèche à côté du pêcher en fleurs / Sacrifier les détails pour sauver l'essentiel / Sacrifice the plum for the peach / Sacrify plums for peaches

---

Um processo de júri está para começar. Duas equipes de advogados vão se enfrentar. Curiosamente, sua composição é similar: cada uma delas alinha um profissional experiente, ardiloso, convincente e difícil de contra-argumentar com sucesso, um profissional respeitado de nível mediano e, por fim, um novato fácil de ser desestabilizado.

A acusação escolhe sair atacando, pensando assim impressionar até o fim os jurados e criar um clima favorável ao longo do processo. Organiza-se de modo que as primeiras alegações sejam feitas pelo veterano ardiloso, seguidas pelo jovem e deixando para o colega respeitado a missão de concluir o duelo com a retomada dos argumentos iniciais. A defesa, em razão disso, comunica ao presidente do tribunal a lista das intervenções de seus advogados. Que ordem permitirá tomar a frente de maneira mais segura?

Ao melhor dos três advogados da acusação, a defesa opõe o jovem inexperiente e perde um ponto aos olhos do júri. Ao inexperiente que vem em segundo lugar, opõe o defensor respeitado, o que lhe garante um ponto. Conclui então, inversamente à acusação, apresentando o mais astucioso dos advogados contra o adversário mediano. Ao sacrificar o jovem sem experiência, a defesa perde um ponto, mas, em compensação, anula o ponto forte da acusação e ganha assim por duas defesas contra uma. A escolha deliberada de um sacrifício tático lhe garante a vitória estratégica!

Em qualquer competição ou simples concorrência, é raro sair vitorioso em todos os embates. É por isso que, freqüentemente, é vantajoso escolher *onde* e *quando* perder localmente para ganhar globalmente. Em outras palavras, onde se concentrar e onde sacrificar algo. Na interação conflituosa, a sabedoria ensina a aproveitar tudo, isto é, tanto a força quanto os *trunfos da fraqueza*! No exemplo emblemático deste estratagema, ao colocar seu componente mais fraco contra o adversário mais forte, o estrategista neutraliza a principal "vantagem" adversária e, com isso, o sacrifício do jovem inexperiente garante a segurança de seus dois colegas. Essa derrota consentida é tão importante, senão mais, quanto as vitórias matemáticas dos outros dois, pois é ela que as torna possíveis! O estrategista tira um proveito máximo dela, aumentando globalmente sua margem de manobra e seu jogo, em detrimento daquele do *outro*. Isso significa comprar a longo prazo pagando a curto prazo.

A manobra conhecida como Medina[44], realizada por Thomas Lawrence, dito da Arábia, e o príncipe Faiçal na Península Arábica, entre 1916 e 1918, contornava e negligenciava as praças-fortes turcas

---

[44] Sobre esse assunto, ver Fayard (1997).

instaladas ao longo da estrada de ferro Damas-Medina. Ao atingir seletiva e especificamente certos pontos dessa linha, eles arruinaram a aplicação do princípio de economia dos meios das forças turcas, pois suas desconexões as impediam de considerar os efeitos de sinergia. Foi desenvolvendo essa opção estratégica que a Revolta Árabe atingiu Damas sem nunca enfrentar o conjunto das forças turcas, imobilizadas em uma grande quantidade de praças-fortes localizadas mais ao sul. O sacrifício de uma *parte* (controles locais) garantiu a vitória do *todo* (controle global). Essas pequenas renúncias táticas fizeram parte da vitória estratégica. Em contrapartida, ganhar apenas decisões táticas pode implicar em uma derrota estratégica subseqüente, a exemplo daquela do exército francês, que ganhou militarmente a batalha de Argel, mas que, politicamente, perdeu a Argélia.

O paradoxo da estratégia[45] reza que o melhor seja o inimigo do bem. Um ator superior e dominante em todas as circunstâncias é insuportável, mas além disso trabalha para sua perda, incitando a criatividade dos outros. O ataque às Torres Gêmeas em Nova York por aviões de linha sacrificados segue essa lógica criativa, coagida pela força da influência política, econômica e militar dos Estados Unidos. A pressão quase absoluta de tal dominação reforça de maneira objetiva e obriga o conjunto dos outros atores a inventar artifícios e modalidades *Ji* que desviem e enganem as expectativas da superpotência. Uma vez que o convencional é inacessível e proibido aos dominados, somente os roteiros não ortodoxos podem lhes dar margem de manobra. A hegemonia enfrenta então formas ofensivas, cujas regras desconhece e contra as quais suas armas, seus recursos e conceitos de uso são inadequados.

A criatividade estratégica da Al Quaeda pegou desprevenida a hiperpotência americana em 11 de setembro de 2001. Na antiga China, recomendava-se matar sem compaixão até o último indivíduo de uma linhagem para que nenhum descendente pudesse, um dia, pôr em prática uma vingança em nome desta. Não havendo tal possibilidade extrema, deve-se compor e evitar fazer uso de pressões que suprimam qualquer liberdade de ação e cujo efeito objetivo é obrigar a imaginar alternativas insuspeitas. Sem esperança de ver progredir sua causa pelas vias da negociação e da diplomacia, acu-

---
[45] Luttwack (1987).

ado militarmente na forma convencional (*Zheng*), uma corrente política encontra no terrorismo (*Ji*) uma maneira de manifestar suas escolhas e sua existência[46].

Como dissuadir combatentes ameaçando-os de morte quando esta significa um ato heróico em um presente pensado como intolerável, e quando o mártir é quem leva ao Paraíso?! É justamente porque não há mais margens no campo clássico (*Zheng*) que o partido dominante obriga seus oponentes a pensarem em alternativas não-convencionais (*Ji*). Assim como não é conveniente acuar um gato no fundo de um corredor e avançar em sua direção, não se recomenda eliminar toda a margem de liberdade de um ator que recusamos destruir totalmente, eliminando assim *qualquer* possibilidade de renascimento.

A pirataria (*Ji*) dos corsários franceses contra o comércio britânico nasceu da dominação naval convencional (*Zheng*) do Império britânico. Enquanto há perspectivas, a oposição desenvolve seu jogo de acordo com as regras conflituosas de um sistema estabelecido. Em outras palavras, uma sábia hegemonia favorece ganhos menores que permitem manter sua dominação global. Ao contrário, entrar em embate a qualquer custo por questões pequenas pode comprometer uma disputa maior. *Saber* perder para ganhar garante a duração da supremacia, que usa a fraqueza de modo inteligente e produtivo.

O ensino estratégico coincide com uma certa sabedoria política. Longe de minar uma supremacia, perdas limitadas constituem o lado obscuro da manutenção desse estado de dominação na esfera visível. Porém, se a superioridade global deve se nutrir às vezes de algumas derrotas locais, é melhor escolhê-las de forma deliberada, antecipando-as, do que vê-las impostas em situações em que não se está preparado para isso. A fraqueza não é tão sacrificada quando aplicada com seu potencial máximo, uma vez que de seu envolvimento resultam as condições da vitória. Ela não representa algo desprezível, muito pelo contrário! Não é fácil integrar esse mecanismo, que destrói o rendimento e a economia dos recursos do partido adversário.

Em estratégia, tudo é aproveitável, e os *detalhes* não devem ser desprezados, mas considerados. No último conflito mundial, o deciframento dos códigos utilizados pelos nazistas teria permitido a Churchill a evacuação da cidade de Coventry antes que a aviação

---

[46] Ver Huyghes (2003).

alemã a atingisse. Com isso, porém, ele teria praticamente comunicado aos alemães que seu código tinha sido decifrado. O bombardeio ocorreu e o sacrifício "local" de Coventry garantiu a segurança do segredo do conhecimento do código alemão, cujas mensagens foram lidas até o final da guerra. Isso contribuiu para a vitória geral dos Aliados e para salvar numerosas vidas em outras partes. Convenhamos que não é fácil assumir e escolher face a esse tipo de dilema.

12

A SORTE SE CONSTRÓI

> *O estrategista adapta-se às variações da situação do inimigo para chegar à vitória.*
> Sun Tzu
>
> *O carneiro está lá por acaso, mas não é por acaso que o pegamos.*
> Jean-François Phélizon[47]

O jeitinho brasileiro – A ocasião faz o ladrão – *Aproveitar*

Roubando um bode pelo caminho / Aprovechar la oportunidad para robar una cabra / Croissance et décroissance / Emmener un mouton en passant / Dérober un mouton en passant / Improviser une tromperie en utilisant ce que l'on a sous la main / Leave a goat away by passing / To take a goat in passing / Lead away a goat by passing

---

Um estudante em gestão do conhecimento está à procura de um estágio para finalizar seu curso e ingressar no mercado profissional. Ele envia vários currículos para grupos e grandes empresas que publicam ofertas de empregos, mas também utiliza, paralelamente, o procedimento conhecido da candidatura espontânea. Apaixonado por informática, se especializou no uso de progra-

---

[47] In Phélizon (2000).

mas de busca na Internet. Sua oferta chama a atenção de uma empresa que não publicou nem solicitação de estagiário, nem oferta de emprego. O futuro profissional consegue marcar uma entrevista com o diretor de recursos humanos. O encontro, que ocorre no final do dia, trata classicamente dos instrumentos, métodos, interesse e benefícios da vigília na Internet.

No decorrer da conversa, o candidato percebe que a motivação de seu interlocutor não alcança um nível que lhe permita entrever perspectivas favoráveis a suas expectativas. Se deixar a conversa seguir nesses mesmos termos e nesse ritmo, sairá dali de mãos abanando. Toma então a iniciativa de alterar a mecânica demasiadamente engrenada da entrevista, cujo resultado negativo é evidente demais. Assim, faz o gerente, cansado devido a um longo dia de trabalho, falar sobre a empresa e, com isso, fica sabendo, por exemplo, que o responsável pela estratégia se aposentará em breve.

O conhecimento a respeito dos mercados asiáticos que esse funcionário acumulou ao longo de sua carreira fará falta à empresa em um momento crucial de seu desenvolvimento. Refletindo em voz alta diante do candidato, o diretor de recursos humanos define a missão, o *timing* e, sobretudo, as competências necessárias para um estágio visando favorecer a transição e, principalmente, a capitalização da experiência do futuro aposentado. O anúncio não sairá do setor de recursos humanos, e o estagiário assumirá suas funções na semana seguinte para memorizar, por meio de um sistema pericial, todo o conhecimento acumulado pelo antigo diretor da estratégia.

Sem idéias preconcebidas e definitivas quanto às características possíveis de um objetivo, este estratagema recomenda presença e disponibilidade de espírito para agir no ritmo de oportunidades que se apresentam de maneira inesperada. O mundo gira, as situações se transformam e o que era desnecessário ontem se torna uma necessidade hoje. Sinais tênues e fracos no momento atual podem ser desenvolvidos e reforçados pela arte da estratégia até se tornarem uma tendência promissora. Como é ilusório tudo saber e tudo prever, é possível, através de uma preparação estratégica, de um desenvolvimento da sensibilidade às condições e de reatividade, perceber oportunidades não manifestas no segundo anterior.

As épocas de mudanças e de perturbações são favoráveis à aplicação deste décimo-segundo estratagema. As pertenças, as fidelidades, as conexões se enfraquecem nesses momentos particulares, as relações ficam mais flexíveis e as vantagens podem ficar isoladas e sem proteção. Este estratagema age em ritmos curtos, de acordo com um jogo agressivo e oportunista em relação ao entorno que se apresenta[48]. Ele articula atenção, imaginação e propósito, mas evita sobretudo as armadilhas, as viseiras e as excrescências de uma observação estreitamente focalizada num alvo tão preciso que exclui da percepção alertas imprevisíveis. Ao contrário, é preciso não se concentrar em um único ponto e ter uma visão ampla e aberta para todas as eventualidades, inclusive as inimagináveis! A exemplo dos samurais, sem estar concentrado em nada de modo específico, mas plenamente presente, é possível perceber diretamente de onde vêm o perigo e a oportunidade.

Embora freqüentemente os estratagemas operem tomando mais tempo do que seria preciso alcançar em curto prazo, este último caso da série das situações indecisas funciona com a reatividade mais breve possível, como no caso do jeitinho brasileiro. Para ser reativo, porém, deve-se estar preparado, vigilante, ter todos seus trunfos na manga e, como recomendava Napoleão: ter sorte!

Por meio deste estratagema, temos uma ilustração do princípio e economia dos recursos no nível tático. A capacidade criativa para imaginar soluções imediatas torna-se ainda mais essencial quando nos encontramos numa situação difícil ou perigosa. Qualquer quebra em um dispositivo pode ser aproveitada. Mesmo no momento mais forte de uma ofensiva (*yang*), manifestam-se alguns vazios (*yin*) que, sendo objeto de um contra-ataque (*yang*) rápido, contribuem para reverter uma situação. Tomando o *outro* desprevenido, pode-se desequilibrar o centro da gravidade de sua força ou de seu imobilismo. O *yin*, vazio e de fraqueza relativa, provoca a ação do *yang*! Para isso, convém aderir ao *outro* com sutileza e nada deixar passar como "pequena vantagem", seja devido a suas negligências, seja devido à presença de areia na engrenagem de sua ação ou de seu dispositivo. Isso implica dispor de uma capacidade de aceleração flexível, mas, ao mesmo tempo, determinada.

---

[48] É o que torna este estratagema muito próximo da lógica do jeitinho (ver da Matta, 1978).

Não se trata, portanto, de um modo de ação direta, mas *em função* do que se apresenta. Se o estrategista não aproveitar hoje uma fraqueza, esta pode se virar contra ele quando se tornar uma força. A história tradicional que ilustra este estratagema na China fala em cabra ou em cordeiro. Se não for pego hoje, dizem, o animal é capaz de se transformar em um lobo feroz em outras circunstâncias. Por não ter agido na hora certa, podemos nos encontrar em uma situação perigosa, perdendo a chance de atuar enquanto as circunstâncias eram propícias.

A grande força é o início da fraqueza e a fraqueza engendra a força. Os detalhes podem originar uma forte onda de fundo, como a batida da asa de uma borboleta em Pequim pode se transformar em tempestade no Caribe ao final de um longo percurso. Na representação simbólica do *yin* e do *yang* figura o *shaoyang* (pequeno círculo branco) no grande *yin* (zona negra). Desse ponto de luz surgirá o contrário do grande *yin*. Na expansão do *yin*, germina o *yang*; aquele que o identifica a tempo tira vantagem disso e se associa ao trabalho da natureza. A estratégia ensina a sabedoria. Raciocinar de modo estratégico não significa tudo prever e entender as relações apenas em termos de relações de forças. A criatividade, a sensibilidade e a liberdade lhe são essenciais, e é isso que ensina este décimo-segundo estratagema. A sorte se constrói, a intuição a revela!

PARTE III
ESTRATAGEMAS DE ATAQUE

Estratégias ofensivas – Estrategias de ataque – Stratégies offensives, de batailles et en position d'assault – Stratagems for attack – Offensive strategies

13 A tenaz dos elogios
14 O potencial do passado
15 A vitória pela situação
16 Soltar para pegar
17 Chumbo por ouro
18 O peixe apodrece pela cabeça

Com esta terceira família, entramos no uso de estratagemas a serviço de projetos claramente ofensivos e diretos, mesmo que sua realização passe por fases que consistem, como de hábito, em determinar previamente forças e fraquezas. Ataque em si significa perigo, pois as disposições e as manobras ofensivas são explícitas, ostensivamente! Por uma questão de eficácia das ações empreendidas, são reduzidas ao máximo e concentradas nos momentos e lugares mais rentáveis e mais favoráveis ao final de uma preparação adequada. A intenção é reduzir, destruir ou adquirir em um movimento positivo, por meio da aplicação do princípio da economia dos recursos. Obter muito investindo pouco continua sendo a regra!

13
A TENAZ DOS ELOGIOS

*Um exército sem espiões é como um corpo
sem olhos e sem orelhas.*
Sun Tzu

*Elevar com elogios
e depois prender com tenazes.*
Provérbio chinês

**Descobrir as intenções veladas antes de agir –
A ação invernal – Estratagema da
floração precoce –** *Revelar*

> Bater no capim para assustar a cobra / Golpear la hierba para asustar al serpiente / Sonder les intentions dans l'environnement / Battre l'herbe pour réveiller le serpent / Frapper l'herbe pour débusquer le serpent / Frapper les herbes pour lancer des avertissements aux serpents / Beat the grass to startle the snake / Beat the grass to frighten the snake

Um primeiro-ministro ambicioso consegue afastar um velho monarca em proveito de um príncipe herdeiro pusilânime e inexperiente. Depois de alguns anos, o gosto pelo poder sobe à cabeça do ministro e ele decide depor o filho para tomar seu lugar e fundar uma nova dinastia. Antes de implementar uma estratégia que lhe permita alcançar seus fins, sente necessidade de sondar as intenções e as disposições dos membros influentes da corte. Para isso, oferece um *cervo* ao jovem rei, declarando que o cavalo é uma homenagem e uma garantia de sua fidelidade. O rei cai na gargalhada e diz que nunca viu um *cavalo* com chifres e que seu ministro favorito deve ter cometido um lapso. Nada disso, responde o ministro, este é um dos mais nobres cavalos que existem, mandei comprar em uma província distante e conhecida pela qualidade de seus garanhões.

O jovem rei arregala os olhos e observa seu primeiro-ministro, tentando compreender se ele está brincando. O mal-entendido consterna os membros da corte a tal ponto que o ministro pede que cada um se pronuncie sobre a natureza do animal. Pegos de surpresa, todos são forçados a se posicionar, pois não há escapatória possível. Alguns caçoam e ficam do lado do monarca, pois é evidente que se trata de um cervo. Outros se calam prudentemente, evocando características comuns ao cervo e ao cavalo, sem mencionar nem a galhada nem a aparência. Outros ainda apóiam o ministro.

Agora que os membros da corte revelaram suas posições respectivas, o ministro ambicioso pode conceber seus planos com inteligência, levando em conta as qualidades e *atitudes* de cada membro da corte. O presente em forma de cervo permitiu que batesse na grama para desentocar as intenções de cada um.

    O inverno é a estação do repouso e da gestação. Protegidas pela terra, as sementes preparam sua germinação. Quando as circunstâncias forem propícias, elas revelarão seu potencial sob o efeito conjugado do incremento do calor e da luz. Assim acontece com as ações humanas que, de uma intenção inicial, traduzem-se depois em disposições, antes de se atualizarem em fatos. Essas três fases podem ser associadas ao inverno (concepção), à primavera (germinação) e ao verão (manifestação).
    Na natureza, árvores frutíferas despertadas precocemente por dias quentes e ensolarados vêem suas colheitas futuras comprometidas por um retorno brutal do frio. O prematuro não somente é vulnerável, mas seu futuro, e até mesmo sua existência, podem ser gravemente comprometidos! Os germes ficam irremediavelmente condenados se desenvolvidos quando as condições favoráveis do meio ainda não estão reunidas para durar com segurança. O co-

nhecimento do meio é essencial para assegurar-se, na harmonia, do concurso de circunstâncias.

O estratagema número treze, primeiro dos seis da família dos estratagemas de ataque, recomenda agir de maneira circunscrita, mas brusca e determinada, quando o meio envolvido na ação futura ainda está adormecido, levando a pensar que estão reunidas as condições para uma mudança de estado. O caráter *yang* dessa iniciativa entra então em ressonância com intenções em gestação e as revela quando a situação não está madura. Esse artifício reproduz o mecanismo de floração prematura, momento em que as circunstâncias não lhe garantem a segurança da duração. Dele resulta uma manifestação precoce de intenções e de disposições imaturas e, por isso, vulneráveis. O estrategista tem a vantagem de um avanço temporal que lhe permite aniquilar intenções que não dispõem da solidez dos fatos. Essa *ação invernal* repousa sobre o contraste entre o ritmo lento da germinação no seio protetor da terra (*yin*) e uma ação voluntária manifesta em plena luz (*yang*). A serpente adormecida e em segurança na relva seca é repentinamente acordada para enfrentar circunstâncias que ela ignora ou não domina, com as quais não está em harmonia e das quais, portanto, não se beneficia.

As aplicações deste estratagema são múltiplas. No terreno político, um dirigente deixa vazar informações para que, sob pressão, se revelem as posições da oposição e da opinião pública referentes a um projeto de reforma. Uma vez "desentocada a serpente" declara que essas informações são alheias a ele e adapta seu projeto e sua argumentação valendo-se do benefício da informação recolhida. Na área econômica, determinado anúncio obriga concorrentes a revelarem suas disposições e a detalharem seus planos mais cedo do que previsto e sem preparo. Não somente se descobrem fracos e vulneráveis, mas, além disso, o estrategista pode então agir com conhecimento de causa. *Elevar com elogios e depois prender com tenazes*. Esse provérbio chinês descreve um uso da fala, não tanto para dizer algo, mas principalmente para incitar o *outro* a fazê-lo.

Tal estratagema corresponde a impelir ao erro por meio de elogios que tranqüilizam e levam o *outro* a dizer o que pensa. Esse artifício conduz à revelação de intenções secretas ou em gestação, mas cuja divulgação compromete o projeto. Atingindo o ritmo tranqüilo da maturação lenta, um golpe brusco e imprevisto perturba a ponto de acabar com um impulso. O desígnio é neutralizado após essa operação de desvelamento.

O reconhecimento prévio do terreno e das intenções dos atores é um fator primordial da compreensão de uma situação. Seguindo essa linha de pensamento, quanto mais hostil for o meio, mais breve deve ser o golpe de identificação, mas com retirada possível sempre ao alcance da mão. Sondar assim contribui para revelar sem risco veleidades agressivas potenciais. Se não é fácil enfrentar desígnios não-revelados, é possível, em contrapartida, reduzi-los uma vez que se manifestaram sob coação. *Batendo na grama para desentocar a serpente*: a vibração induzida no entorno entra em ressonância com a serpente (a intenção) onde ela se encontra e a faz reagir ou fugir.

O clássico dos Trinta e Seis Estratagemas relata também a história de um conselheiro que provoca a decisão de um príncipe que temporizava a pedir em casamento sua concubina favorita. O conselheiro alega que um poderoso monarca está em vias de manifestar sua intenção de casar-se com ela. Isso acarreta o pedido imediato do príncipe, que assim cria uma união irreversível. O monarca estrangeiro desempenha o papel da grama ou do entorno que impele à revelação as intenções (serpente) do príncipe que tergiversava.

Uma variante deste estratagema recomenda punir severamente uma infração menor a um regulamento, pois isso dissuade de cometer faltas mais importantes. Age-se com economia em um momento em que a repressão é fácil para não arriscar o fracasso quando problemas mais complicados seriam mais difíceis de negociar. *Matando uma galinha para assustar o macaco*[49], alcançando-se os fins a menor custo e indiretamente. A demonstração de determinação, até mesmo de uma crueldade selvagem, em relação a um ator não-perigoso (galinha), dissuade aquele (macaco) que seria mais ousado e imprudente enfrentar diretamente.

Sondando previamente o terreno em período "invernal", fica-se sabendo por onde se anda. O primeiro movimento do estrategista não é animado pela vontade de alcançar um resultado imediato, mas de fazer vir à tona o mapa das circunstâncias e das intenções antes de agir em função da informação então reunida. Esse artifício, que leva aquele que temporizava a agir na urgência, inscreve-se em um esquema triangular que implica o estrategista, as intenções do *outro* e seu meio.

---

[49] Provérbio chinês.

14
O POTENCIAL DO PASSADO

Aquele que ainda pode agir por sua própria conta não se deixa usar.
Aquele que não pode fazer mais nada suplica que o usem.
François Kircher[50]

A aliança obrigatória dos fracos –
O que não serve mais implora que o usem –
Renovar Jerusalém – Dar vida ao que está morto
para fazer com que sirva ao presente – *Reencarnar*

> Tomar um cadáver emprestado para ressuscitar uma alma / Levantar un cadaver de entre los muertos / Servirse temporalmente de un cadaver para revivir un espíritu / Redonner vie à un cadavre / Emprunter un cadavre pour le retour de l'âme / Reprendre vie sous une autre forme / Raise a corpse from the dead / Reincarnation / Find reincarnation in another's corpse

Surge uma nova religião. As anteriores esforçam-se para marginalizá-la, apoiando-se em tradições enraizadas, rituais, peregrinações, hierarquias, comunidades organizadas, estruturas emblemáticas simbólicas e poderosas. A nova religião pretende ter uma vocação universal. Encontra-se objetivamente em uma

---
[50] In Kircher (1991).

> relação de jogo de soma zero[51] com as anteriores. Para se impor, deve excluí-las ou integrá-las, mostrando-se uma síntese superior.
>
> O profeta dessa confissão monoteísta é visitado em sonhos por um anjo que o leva durante a noite à cidade santa das religiões preexistentes. Assim, ela se torna uma das cidades santas da nova fé! Por meio de um procedimento similar, a pedra negra da Caaba, em Meca, é designada como uma etapa da peregrinação que todo crente deve tentar fazer durante sua vida terrestre. A nova religião paga assim tributo a um costume anterior ao qual se apegavam os clãs de Meca, que lutavam inicialmente contra ela. Suprimindo o ponto de apoio de sua oposição, a nova fé conseguiu aliados.

Essa mesma lógica operou a transformação de Roma, capital política, econômica e militar de um império, em Cidade Eterna da Cristandade. Ainda no mesmo espírito, foi somente em 354, ou seja, quatro séculos depois de Jesus Cristo, que a Igreja dita então Apostólica e Romana determinou o dia do aniversário do nascimento de Cristo, retomando a data de uma festa pagã correspondente ao culto do deus Mithra. Na Europa, quantos locais de cultos e catedrais elevam-se exatamente no lugar de templos romanos que, também eles, sucederam a espaços sagrados celtas ou gauleses[52]! No pensamento tradicional chinês, o que se manifestou um dia de uma forma é o produto de um momento em um ciclo, o que desapareceu renascerá, o que declinou conhecerá a renovação.

O *sábio-estrategista* observa e acompanha os ciclos da natureza, cujos processos acelera com sua arte quando as circunstâncias lhe permitem. O que todos buscam no presente é difícil lograr devido a uma concorrência muito grande. Ao contrário, o que é fraco ou deixou de existir se revela disponível e, se preciso, *implora* que lhe dêem uma nova existência. Baseado na convicção de que a vida não passa de um eterno recomeço, este estratagema recomenda usar a carga emocional daquilo que funcionou no passado. É assim que Édipo passa a ser o nome de um complexo; Tales, o de uma multi-

---

[51] Um jogo, ou uma relação, é denominado de *soma zero* quando o ganho de um dos protagonistas traduz-se matematicamente por uma perda correspondente do outro.
[52] O mesmo aconteceu no México, onde igrejas ocupam muitos lugares de templos pré-colombianos.

nacional de sistemas eletrônicos; Schopenhauer, o de um *software*... Mergulhado numa situação crítica após a invasão alemã, Stalin reabilitou a figura da Santa Mãe Russa e capitalizou para si a energia da história, tornando-se o Pai dos Povos!

Um ator em situação difícil é uma presa fácil para quem quiser *ajudá-lo*. Bom Samaritano, um irmão mais velho magnânimo toma posse dos bens de seu protegido e, depois, administra seus recursos. Mesmo que estes não sejam significativos, o custo da aquisição é irrisório! No terreno econômico, quando um investidor vem ajudar uma empresa que sofre uma oferta pública de aquisição hostil, não é raro que se torne seu dono. Nessa operação, o novo proprietário beneficia-se das energias e dos recursos da empresa vítima e de sua determinação em não cair nas garras do grupo que lançou essa oferta de compra. O investidor é levado por um movimento que tem bem mais peso do que se tivesse agido sozinho, contando apenas com suas forças próprias. Em última hipótese, provocar previamente uma oferta de compra pode favorecer o terreno para uma contra-oferta.

É na panela velha que se faz a melhor comida. O *designer* francês Philippe Starck também ficou famoso dando sistematicamente uma nova aparência a formas e objetos básicos, que demonstraram suas qualidades no passado. Escolhendo materiais e com um *design* que fica entre a reprodução fiel e concessões limitadas ao modernismo, ele lhes confere uma nova existência sem assumir o risco de uma invenção radical, mais difícil de difundir. Essas formas consagradas reencontram uma funcionalidade adaptada ao gosto do dia e do mercado. Nenhuma patente protege um passado extinto que renasce das cinzas sem poder se revoltar, nem se opor! Na China, diz-se que os *fracos* precisam de ajuda e que, por essa razão, prestam-se facilmente, até mesmo por necessidade, aos projetos que lhes dão perspectivas. A aliança dos fracos é menos custosa e sobretudo menos arriscada do que a dos poderosos.

15

A VITÓRIA PELA SITUAÇÃO

> *O general não pede a vitória*
> *a seus soldados, mas à situação.*
> Sun Tzu
>
> *Na areia da praia,*
> *o dragão é devorado pelos camarões.*
> Provérbio chinês

**As circunstâncias levam ao sucesso ou ao fracasso –
Transformar a força em fraqueza –
O feitiço contra o feiticeiro –** *Separar*

Atrair um tigre para fora de sua toca na montanha / Atraer el tigre fuera de las montañas / Amener le tigre à quitter sa montagne / Attirer le tigre de la montagne vers la plaine / Faire quitter à l'ennemi sa position forte pour le maîtriser / Lure the tiger of the mountain / Lure the tiger out of the mountain

---

Na Antigüidade, o grego Xenofonte relata como, escolhendo a topologia do terreno de confronto com um exército muito superior, ele o dissuade de atacá-lo. Para tanto, dispõe suas minguadas tropas de costas para uma falésia, atentando para que um vasto espaço de retirada esteja plenamente acessível a seus adversários.

Enquanto a única alternativa de seus soldados se resume a sobreviver graças à vitória ou morrer até o último homem para não serem reduzidos à escravidão, a de seus adversários é ou combater uma tropa de soldados enfurecidos, apartados de suas bases e que não têm mais nada a perder, ou bater em retirada sem dificuldade e esperar eventualmente uma ocasião mais favorável. A *Anábase*[53] conta que o confronto foi adiado e que os gregos foram salvos.

*

Na Idade Média, durante a batalha de Hastings, na costa sul da Inglaterra, as sucessivas ofensivas do normando Guilherme encontram a resistência das defesas saxãs. Ele simula então uma retirada em desordem que deixa o campo livre às tropas inimigas. Pensando ter enfim vencido, os defensores deixam suas trincheiras e adentram em um terreno sem proteção. São vencidos completamente, a Inglaterra se torna normanda e Guilherme se torna o Conquistador!

Para vencer um inimigo poderoso, convém primeiramente desconcertá-lo, isolá-lo de suas bases e, depois, levá-lo a um terreno favorável, recomenda um provérbio chinês. Na cultura estratégica da China antiga, considera-se que força e fraqueza não dependem da natureza dos combatentes, mas da situação em que se encontram. Ninguém é covarde ou corajoso em si, mas porque as circunstâncias em questão levam a isso. Em outras palavras, as qualidades não são intrinsecamente ligadas aos atores, mas produzidas pelo efeito das situações sobre eles.

Contra um inimigo superior e em relação harmoniosa com seu entorno, o ataque frontal é suicida! A força temida do tigre das montanhas não resulta somente de sua energia, garras e agilidade, mas da adequação de seus trunfos a um contexto feito de depressões, saliências e desfiladeiros que ampliam sua capacidade de surpresa e o exercício de seu poder. Ao contrário, esse relevo torna vulnerável o estrangeiro que nele se aventura. A falta de domínio do terreno significa também a falta de domínio da interação.

Na montanha, o tigre dispõe de uma margem de manobra superior, pode escolher o ritmo e decidir a hora do repouso ou do ataque

---

[53] A *Anábase* relata a expedição do jovem Ciro e a retirada dos gregos que formavam uma parte de seu exército.

conforme sua vontade. A segurança está em seu campo. Os caçadores, ao contrário, estão na expectativa ansiosa de sua iniciativa. Assim como as potências navais que dominam o espaço da comunicação marítima, o tigre pode *entrar em guerra*[54] quando quiser, sem se deixar impor o lugar ou o momento. Contra um oponente desses, avançar significa aumentar o perigo. Quanto mais se reduzir o espaço da interação física, mais aumentará a vantagem para aqueles que dispõem da liberdade de ação e, assim, da capacidade de iniciativa. Nos relevos acidentados, as opções são múltiplas para a fera, seus ritmos curtos a favorecem. Ela conhece o entorno, observa os caçadores e pode escolher o momento favorável. Ela domina nesse ambiente e, por isso, é preferível para o homem raciocinar estrategicamente a fim de providenciar outras formas de relação entre a fera e as circunstâncias. Na planície indiferenciada, a relação se inverte, e o caçador passa a presa. O homem pode persegui-lo, cansá-lo, assediá-lo e cercá-lo, sem que o tigre se beneficie da cobertura e da complexidade da montanha.

No jogo de *go*, uma coleção de pedras não é forte em si, mas graças às relações que as ligam e articulam entre si. Para enfraquecer o tigre antes da captura, deve-se afetar prioritariamente o que o torna forte e atraí-lo para um terreno que aumente sua vulnerabilidade. A exemplo do tigre, um ator hegemônico freqüentemente esquece que seu poder depende sobretudo de sua adequação à particularidade de um contexto. Acontece freqüentemente de ele se tornar cego pensando ser sua força uma qualidade eterna! Jogando com essa ilusão, uma isca habilmente disposta o incitará a se aventurar sem temor fora da base que funda sua supremacia. Seu sentimento de poder é o melhor apoio para levá-lo à sua própria perda.

Deslocando o lugar e o momento da interação, a relação que faz a força não opera mais. Temporizar, escolher o terreno de encontro ou sua ordem do dia é estratégico. Os especialistas na arte da negociação sabem por experiência que os últimos minutos de uma reunião são muitas vezes decisivos, pois os interlocutores, cansados e desejosos de terminar logo, estão prontos a fazer derradeiras concessões. A aplicação deste estratagema supõe igualmente a possibilidade de se proteger e adiar essa interação enquanto ela não for favorável.

---

[54] Ver Corbett (1983). Compreender aqui que o tigre pode decidir ou não o ataque.

Contra um adversário concentrado, é preciso dispersá-lo, atraindo-o para um terreno que dilua sua força[55]. *O peixe que cobiça a isca já está pego*, diz o provérbio. Este estratagema é utilizado pelos chineses em *discussões comerciais* com estrangeiros que estão longe de casa, de sua cultura, do que lhes é familiar, de seus usos e costumes. Acenando com a perspectiva de um fim das tratativas, os chineses arrancam últimas vantagens antes de mudar a equipe de negociadores! Estes, retomando o dossiê, integram as concessões como uma aquisição e encetam novas discussões...

Este estratagema insiste nas idéias de manobra e de fluidez. A água evita as alturas, os relevos e preenche os vazios, e *o terreno é fonte de efeito*[56]. Antes de qualquer interação, é essencial manobrar previamente para situá-la em um espaço favorável de encontro. Uma astúcia retórica, uma provocação (isca), faz o *outro* sair de sua reserva jogando com sua presunção de força. Tal artifício é comum na história militar.

Os mongóis, assim como os turcos, faziam isso quando uma vitória rápida se revelava fora de alcance. Diante de cristãos poderosos demais e solidamente organizados, sua retirada aparente exaltava seus adversários, que julgavam ter vencido: "ganhamos! ganhamos!" Progressivamente, sua bela ordenação se desalinhava e invertia a balança das forças em favor dos mongóis, que surpreendiam tropas em debandada. Em Austerlitz, Napoleão abandonou a disposição favorável do planalto de Pratzen aos austríacos e russos. O engodo de uma retirada aparente criou um vazio e atraiu as tropas russas para o sul, o que desorganizou o centro de gravidade dos aliados, que os franceses desequilibraram lá penetrando. A retirada cria o *yin* propício à desorganização e o *yang*, as tropas francesas, obtêm a vitória inserindo-se nesse vazio. Durante uma negociação, isso também se chama tirar um interlocutor de sua reserva, deixando-o confiante.

---

[55] Ver o descritivo dos nove terrenos em Tzu (1999).
[56] Ver Jullien (1996).

16

SOLTAR PARA PEGAR

Antes de destruir, deve-se construir;
antes de enfraquecer, deve-se consolidar;
antes de abolir, deve-se encorajar;
antes de tomar, deve-se dar;
antes de atacar, deve-se deixar partir.
Lao Tseu
Enganar servindo-se do próprio modo de pensar do adversário, ele se torna refém de sua própria ilusão.
Provérbio chinês

A vitória sustentável – Fazer da vontade inimiga um aliado – Perder localmente para ganhar estrategicamente – A ação paradoxal – Consolidar para enfraquecer – *Retornar*

Soltar o inimigo para recapturá-lo depois / Desahacerse del enemigo permitiendo escapar / Laisser courir pour mieux saisir / Pour saisir quelque chose, commencer par lâcher / Laisser partir quelqu'un à dessein pour mieux le rattraper / Let the adversary off in order to snare him / Allow the enemy some latitude so you can finish him off later / Leave at large, the better to capture

> Alexandre o Grande faz um cerco a uma cidadela há longas semanas. Os defensores – não tendo outra saída senão a morte, a escravidão ou a vitória – dão provas de uma coragem e determinação exemplares. O cerco é hermético, mas a situação está paralisada, apesar do esgotamento dos recursos da cidade. A força sitiante dispõe de duas alternativas: a vitória ou a vergonha de uma retirada com a perda do benefício da campanha. Impõe-se, então, apelar para um estratagema.
>
> Fingindo cansaço, mas mantendo a pressão nas muralhas, Alexandre alivia progressivamente o controle da via sul de acesso à cidadela. Um escasso abastecimento chega aos sitiados, sem inverter, entretanto, a tendência para a fome. Pouco a pouco, estes conseguem considerar a possibilidade de uma nova alternativa: a fuga!
>
> Como a situação interna piora, os sitiados decidem fugir durante a noite carregando um equipamento leve, necessário para sua defesa. A via se revela segura e eles não são detidos nas vizinhanças imediatas da cidade. Uma vez fora dela, e para ir mais depressa, desfazem-se das armas que os atrapalham.
>
> Progressivamente, têm apenas uma idéia em mente: criar a maior distância entre eles e o campo de batalha. A vontade de lutar e de defender corajosamente a vida desapareceu. Caem então numa emboscada fatal no momento de maior vulnerabilidade! A cidadela é conquistada e os fugitivos, capturados.

Todo conflito é oneroso e, às vezes, o vencedor se desgasta mais do que o vencido. A pressão frontal e direta constitui freqüentemente o melhor dos pontos de apoio a uma resistência feroz. Quem se vê acuado lança todas as suas forças na balança, num ímpeto derradeiro, nem que seja pela honra! Se houver uma saída, considerá-la como possibilidade já abala sua determinação para lutar.

A cultura do estratagema valoriza ao máximo a economia nos procedimentos e evita as destruições tanto quanto possível. Para Sun Tzu, *as armas são instrumentos de mau augúrio, aos quais só se deve recorrer em última instância*! Vencer um adversário obstinado requer esforços consideráveis, ao passo que um gerenciamento sutil da situação permite uma vitória menos dispendiosa.

Como foi salientado anteriormente, o nível de determinação depende, para muitos, da natureza das circunstâncias. Ao invés de acuar uma presa perigosa, forçando-a, assim, a um gesto desesperado, é mais astucioso deixar-lhe uma saída em que ela se lança pensando salvar a pele, ao passo que uma armadilha mortal a aguarda... só um pouquinho mais adiante! Quando se *ajuda* a presa a encontrar uma solução vantajosa à primeira vista, sua vigilância baixa, e ela usa toda sua energia para se salvar. Ao propiciar-lhe as condições de realização de seu desejo mais caro, sobreviver, faz-se dela uma aliada paradoxal na condução de sua interação. Sua energia concentrada (*yang*) muda de polaridade, fixando-se na fuga e na dispersão. Uma fraqueza aparente no dispositivo do caçador é, na verdade, um artifício temível.

A literatura chinesa relata a história de um soberano pacífico às voltas com um vassalo arrogante que sonha com a independência. Preparando-se para um confronto armado, este provocador pede em casamento uma das favoritas do rei. Contra toda expectativa, o monarca satisfaz seu pedido, causando o furor da sua corte, de seu exército e de seu povo. Depois, o vassalo exige a abolição das taxas alfandegárias e o rei novamente obtempera. O ultraje é tal que se murmura que o soberano, outrora respeitado por sua coragem e senso de justiça, tornou-se pusilânime. O vassalo reclama, então, uma província limítrofe às suas possessões. Trata-se, neste caso, de um ataque contra a unidade e a estabilidade do Estado, e o culpado deve ser castigado sem demora, declara o rei, que logo mobiliza o conjunto de seus recursos contra o perturbador e o vence.

O arrogante enfraqueceu-se ao crer na fraqueza do soberano que, bem pelo contrário, preparava subterraneamente as circunstâncias que iriam concentrar a determinação de seu povo, de seu exército e de sua corte. Após o quê, reunidas as condições favoráveis, só restava esperar uma oportunidade para soltar a mola dessa vontade de reparação. O soberano compôs seu jogo com o de seu adversário, em uma interação controlada. Por meio de uma aparente fragilidade, o soberano acumulou, como numa barragem, a *água* da raiva de seu povo. Depois, apoiado nesse potencial, esperou o momento certo para liberar esse jorro indomável.

Um pouco de paciência garante o sucesso, diz o *Livro das transformações*[57]. Quando se quer uma conclusão demasiado rápida, perde-se o benefício da colaboração de outras energias, até mesmo as do próprio adversário! A perfeição não deve ser buscada cedo demais,

---

[57] Ver Cleary (1995).

quando as condições ainda não estão reunidas. Ela se constrói progressivamente. É preciso saber *dar tempo ao tempo*, diz-se no Ocidente. Em uma situação de ensino, expor de início e magistralmente todas as perguntas e respostas reduz o espaço e o tempo de uma interação que permita aos alunos integrarem os conteúdos e ao professor adaptá-los em função de sua sensibilidade e de suas reações. Pequenas lacunas, algumas ausências ou imprecisões dão vida à relação e a uma dinâmica complementar aberta.

Aceitar aparentemente pequenos reveses táticos, deixar uma margem de manobra e não se esforçar para dominar e circunscrever *tudo*, é freqüentemente garantia de vencer estrategicamente um pouco mais tarde. Como a estratégia deve permanecer submetida ao fim, é preciso saber, às vezes, perder localmente para ganhar globalmente. Em sua conquista de poder, mais do que querer convencer seus prisioneiros a aderirem à sua causa a qualquer preço, Mao Tsé-tung recomendava que fossem muito bem tratados e, depois, soltos. Assim, muitos deles se transformavam por sua própria conta em ativos propagandistas da causa comunista. Deixando de lado sua vontade de vencer taticamente a curto prazo, o raciocínio estratégico gera mais eficácia.

17

CHUMBO POR OURO

Conceder uma vantagem momentânea para garantir uma vitória duradoura posterior.
Provérbio chinês

**Pagar idéias brilhantes com banalidades –
Dar pouco para obter muito –
O ouro do lixo –** *Investir*

Atirar um tijolo para conseguir um jade / Fabricar un ladrillo para obtener un jade / Jeter une brique pour récolter du jade / Jeter une brique pour gagner un morceau de jade / Lancer quelques banalités pour attirer des idées brillantes / Petits présents pour grande acquisition / Cast a brick to attract a jade / Throw out a brick to attrack a jade

---

Um obscuro mas ambicioso professor universitário deseja encontrar o célebre cientista Jean Nobel[58], sumidade da vida acadêmica internacional. A tarefa parece, à primeira vista, fora de alcance. De fato, além dessa personalidade viajar permanentemente pelo mundo, o acesso à sua agenda é zelosamente guardado por uma secretária muito desagradável, mas em quem ele deposita toda sua confiança. A função principal des-

---

[58] Trata-se de um personagem totalmente fictício, é claro!

se *cérbero* parece ser dispensar as inumeráveis solicitações feitas a seu chefe.

Um dia, por acaso, quando a porta do escritório dessa secretária se encontra entreaberta, o pretendente a um encontro entra no escritório pretextando estar procurando o secretário particular do reitor da universidade. O senhor está enganado, diz a secretária, sorrindo e esclarecendo que ele se encontra no gabinete do professor Jean Nobel. O professor pede mil desculpas. Quando está prestes a sair da sala, assim como o inspetor Columbo, tem um estalo .

Ah, sim!, exclama de repente, estou no laboratório do tão famoso professor Jean Nobel, que acaba de fazer uma intervenção notável na Unesco após uma missão de pesquisa em mais de vinte países em desenvolvimento... Essa missão foi confiada a esse eminente cientista, aliás, professor visitante na Universidade de Stanford a convite da *National Science Foundation* norte-americana e com o apoio do Conselho Europeu e... Oh, peço desculpas por importuná-la, a senhora é a responsável por seu departamento, não?

Embevecida, a secretária do professor Jean Nobel, considerada como sua *assistente*, tranqüiliza o jovem professor e aprecia o conhecimento detalhado que ele tem das atividades e da reputação de seu chefe, cuja aura acadêmica respinga sobre ela!

Em que posso ser-lhe útil, pergunta contra toda expectativa, enquanto seu interlocutor continua em voz alta: a intervenção do professor foi brilhante na Conferência de Logrono... Em geral, dá-se mais atenção à Reunião de Cúpula de Berlim, mas foi em Logrono que ele lançou as bases de propostas amplamente retomadas... E é a senhora que coordena seu departamento! Ah, já que estou aqui por engano, se o professor pudesse me conceder alguns minutos de seu precioso tempo...

Quando Jean Nobel retorna, a própria secretária, que o conhece bem, encontra as palavras certas para persuadir a sumidade a conceder uma entrevista a esse jovem tão brilhante... Ela se responsabiliza por isso, a secretária do grande professor!

Para adquirir, é preciso investir; então, como investir o mínimo ganhando o máximo? Este décimo-sétimo estratagema funciona de acordo com uma lógica indireta bastante similar aos anteriores desta terceira família. No primeiro deles, age-se pelo ambiente (13°); no segundo, mobiliza-se uma lembrança ou reputação (14°); no terceiro, desloca-se o terreno da interação por meio de uma isca (15°); no quarto, dá-se corda para inverter a polarização da energia adversa (16°). Esse relato é o oposto do adágio que diz que mais vale se dirigir ao bom Deus do que a seus santos. Quando o bom Deus é inacessível, a intermediação dos santos é muito útil! Neste, para adquirir algo de valor, oferecem-se antes presentes que não custam nada. Em cada um desses estratagemas, a vitória não é visada diretamente, mas passa por um viés que torna a situação favorável e concretiza a vitória de modo mais fácil e econômico. Obter ganhos importantes requer muita energia, tanto mais quando o sucesso depende da boa vontade de um personagem dificilmente acessível. Convencê-lo a conceder um privilégio, um empréstimo ou uma doação não é algo simples, que se resolve sem mais nem menos. Considerando essa dificuldade, este estratagema recomenda investir paciência e tempo.

De modo geral, aquele que possui desconfia dos que podem cobiçar o que lhe pertence. Ele se resguarda e se preserva em uma atitude desconfiada, defensiva e, às vezes, até mesmo francamente agressiva. Esse comportamento representa uma *carapaça*, uma proteção (*yang*) *a priori* intransponível, que convém tornar mole, macia e porosa por meio de um trabalho de abordagem não identificável como tal. O recurso consiste em colocar o *outro* em disposições tais que sua resistência diminua sem que ele consiga se opor a um pedido, até mesmo que ele próprio o conduza!

Converter o que está disponível, fácil e a um custo irrisório em um investimento que dê lucros funda este estratagema onde o que vale pouco *se transforma* com o tempo em valor. *Os tijolos produzem jade*, ligando e obrigando intermediários de modo que seu espírito de defesa se atenue e que eles entrem no calor confortável de um ritmo pacífico e confiante. É então que uma cadência acelerada, brusca na realidade, mas com aparência suave, os pega de surpresa, sem que percebam. Por que retomar a rigidez e a desconfiança quando se compartilha uma atmosfera tão inebriante de felicidade cúmplice e de reconhecimento?

Este estratagema paga a curto prazo, sem demonstrar preocupação com o retorno; depois, cobra a longo prazo. *Todo bajulador vive às expensas daquele que o escuta*, declara a raposa ao pegar o queijo que o corvo carrega em seu bico[59]. O corvo, que acreditou ser belo, deixou a presa pela sombra. Um movimento do *mesmo* provoca uma mudança no *outro* e, na regulação oportuna dessa dialética, o objetivo é então alcançado. *Para manobrar o inimigo, comece por manobrar a si mesmo*, diz um provérbio chinês. O importante é dominar o curso dos acontecimentos como se fosse um cozimento progressivo em etapas qualitativas sucessivas.

Na cultura estratégica da China antiga, chama-se essa prática de modelar o espírito do *outro* por meio da criação de uma situação de conivência cujo tom é dado por doações. Por exemplo, durante uma viagem pela companhia *Singapore Airlines*, os passageiros que tomaram o avião em Paris receberam uma magnífica caneta... por pura cortesia! Ora, essa linha é muito concorrida entre as companhias aéreas. O que vale uma caneta (*tijolo*) em relação à preferência por uma futura passagem de avião (*jade*)? Quem tudo quer, nada obtém, e tudo lhe custa. Um pequeno investimento tático imediato sabiamente calculado pode garantir uma vantagem estratégica futura.

---

[59] *O Corvo e a Raposa*, Fábulas de La Fontaine.

18
O PEIXE APODRECE PELA CABEÇA[60]

Saber modelar o espírito do general adversário.
Sun Tzu
O sábio mostra a Lua, o louco olha o dedo.
Provérbio árabe

**Extrair o essencial – Bater na cabeça –
A pedra angular – O calcanhar de Aquiles –
*Visar***

> Desbaratar os bandidos prendendo o líder / Capturar al cabecilla para prender a los bandidos / Pour prendre les bandits, il faut prendre leur roi / Pour neutraliser une bande de brigands, capturer d'abord leurs chefs / Viser l'ennemi principal / To catch rebels, nab their leader first / To catch bandits, rab their ringleader first

> O grupo farmacêutico japonês Eisai[61] interroga-se sobre a melhor maneira de melhorar seu desempenho no mercado. Várias possibilidades apresentam-se: reforçar o departamento de pesquisa e desenvolvimento, estabelecer alianças estratégicas, investir em setores até então não-prioritários para o grupo etc. O leque de opções é amplo e relativamente clássico, mas

---

[60] Provérbio chinês.
[61] Referência autêntica.

o grupo Eisai prefere refletir sobre sua razão de ser enquanto empresa, para não ficar restrito apenas a seu ponto de vista do passado. Qual a razão maior de sua existência e de sua atividade? Resposta: a atenção dispensada aos doentes para tratar deles e facilitar sua vida!

Nessa ótica, o desenvolvimento de conhecimentos novos e operacionais é vital tanto para os pacientes quanto para aqueles que circulam em seu meio e, *a fortiori*, para a Eisai! A produção colaborativa de conhecimento a serviço do conjunto desses atores traduz-se, então, no programa de mobilização *Human Health Care* (HHC), cujos valores servem de bússola diária e estratégica para todos os escalões e todos os setores do grupo farmacêutico.

As ocasiões de encontros com os pacientes em seus ambientes respectivos são multiplicadas. Esse envolvimento, essa escuta participativa e atenta contribuem não apenas para a melhora da compreensão mútua, mas também para produzir os conhecimentos necessários em um projeto colaborativo global. Todos saem ganhando e os produtos vendem! Nessa redefinição, a filosofia HHC torna-se a pedra angular de uma cooperação que ultrapassa os limites estritos da empresa e de suas competências[62].

Em toda questão estratégica, existe um centro de gravidade, uma pedra angular, sem a qual o conjunto das disposições e das resistências adversárias desmorona. Identificar e destinar especificamente essa pedra e impedi-la de funcionar permite multiplicar a ação do estrategista. *O peixe apodrece pela cabeça*, diz-se na China.

Mao Tsé-tung incitava prioritariamente a resolver a *contradição principal* de um problema para, em seguida, dedicar-se às secundárias. A melhor abordagem estratégica consiste em visar o espírito de seu adversário ou da pessoa sobre a qual se quer agir. Sun Tzu recomenda privilegiar nesta ordem: primeiro, o espírito do general adversário; a seguir, sua estratégia, seus planos, suas alianças, suas disposições; e somente em último caso suas tropas e suas praças-

---

[62] Este caso, que trata de um método original de gestão do conhecimento (*knowledge management*), será apresentado detalhadamente em um próximo livro, centrado na criação colaborativa do conhecimento no Japão.

fortes. Em um registro dissuasivo, conseguindo convencer um ator da impossibilidade de realizar sua intenção ou seu projeto, evita-se o confronto com sua forças e suas disposições ofensivas. Mas apesar de ser o caminho mais curto, nem por isso é o mais visível.

Este estratagema preconiza agir com economia e de maneira decisiva para que o problema encontrado desapareça antes mesmo que se traduza em fatos. Desde a revolução do final do século XX nos assuntos militares[63], considera-se que a pedra angular do poderio e da capacidade efetiva reside nos sistemas de informação e de comunicação[64]. Sua destruição acarreta a impossibilidade de implantação dos recursos físicos. Assim, esses verdadeiros sistemas nervosos das forças são visados previamente aos próprios armamentos. Os primeiros períodos das guerras do Golfo, de Kosovo, do Iraque ou do Afeganistão foram conduzidos dentro desse princípio.

Para Sun Tzu, em uma outra época, *um exército sem espiões é como um corpo sem olhos e sem orelhas*. Por essa razão, eliminar ou manipular os espiões inimigos é extremamente eficaz. Em seu romance *Le Montage* [A Montagem], Vladimir Volkoff mostra como, na Guerra Fria, as operações soviéticas de influência focalizavam-se nas elites européias em razão de seu efeito multiplicador sobre a opinião pública e sobre a estabilidade do funcionamento dos Estados e de suas instituições. Do sucesso dessa concentração de esforços dependia a realização de uma meta muito mais vasta: a ampliação da zona de influência soviética.

Este estratagema dezoito recomenda ver além das aparências, como é construído seu poder e eventualmente seu perigo. Voltar-se às intenções, ao coração dos projetos, de preferência às suas disposições materiais, revela-se ainda mais econômico quando a situação em si é complexa. Agir mais sobre o centro de gravidade[65] do que sobre os músculos do adversário. Trata-se de um princípio de concentração dos esforços sobre o ponto central de uma força ou de uma organização, que pode ser tanto uma elite intelectual,

---

[63] Este movimento nasceu na ex-URSS a partir da constatação de que o desenvolvimento tecnológico, particularmente na informação e na comunicação, atingiria profundamente as questões militares. Retomado nos Estados Unidos, ele inspira hoje tanto os programas quanto as operações.

[64] São igualmente chamados de C4I para: *Command, Control, Computer, Communication & Information*.

[65] Era o que Clausewitz chamava de *ponto pesado*, mas com a diferença da elegância no caso da cultura do estratagema.

um corpo administrativo, quanto relações de confiança mútua em um organismo. Diferentemente dos outros estratagemas de ataque, trata-se aqui de um modelo muito direto, cuja oportunidade de aplicação depende, como sempre, das circunstâncias. Apreender a essência dos fins que se encontram por detrás de uma estratégia torna também possível a composição dessa estratégia, e sua orientação em um quadro global, no qual ela vai ser trabalhada conforme o que se deseja.

CONCLUSÃO
GRANDEZA DA FUGA

Uma boa retirada vale mais do que um mau combate.
Provérbio chinês

**A Longa Marcha – Salvar os dedos! –
Colocar ao abrigo os recursos quando não existe
outra solução é a suprema política.**

> Fuga – a melhor trama / Retirarse / La fuite est la suprême politique / La fuite est le stratagème suprême / Faire des concessions pour mieux l'emporter ultérieurement / When retreat is the best / Retreat is the best option / Sometimes retreat is the best option / Running away as the best choise

Para concluir esta viagem no coração da cultura do estratagema no mundo chinês tradicional, façamos uma última referência ao trigésimo-sexto deles, que conduz à essência do artifício: a economia. Colocar ao abrigo os recursos quando não existe outra solução é a suprema política. Para os chineses, trata-se do *estratagema dos estratagemas*, pois a obstinação é condenável. Acuado e em uma situação sem esperança, Mao Tsé-tung inicia a Longa Marcha para salvar o que podia ser salvo, colocando-se fora do alcance de seus inimigos. Evitando uma interação de efeitos funestos, esse recuo permitiu-lhe posteriormente um novo impulso. O custo da manobra foi alto, mas criou as condições de uma renovação que submergiu, com o tempo, o campo nacionalista de Chiang Kai-shek e garantiu a vitória do Exército Vermelho. Ao invés de morrer como um herói, o líder chinês se subtraiu à pregnância da iniciativa adversária. Comportou-se mais como um sábio do que como um herói que morre em combate, e cuja saga alimentará as histórias que se contam pensando que, se o herói tivesse vencido, a história talvez tivesse um outro rumo...

Quando lutar ou se render leva igualmente ao fracasso, à humilhação, até mesmo ao desaparecimento puro e simples, garantir as condições de sobrevivência torna-se um imperativo, pois o bom senso reza que o estrategista aja para vencer e não para perder. O heroísmo passional e cego é uma imbecilidade criminosa, segundo Sun Tzu, se levar a uma solução fatal e sem futuro. Contra tudo e todos e quaisquer que sejam as condições, o estratagema trinta e seis ensina que sempre há um meio de agir e de fazer algo quando se mantém o espírito livre.

Ao longo de todo este livro, esperamos ter auxiliado na compreensão da lógica do *comportamento estratégico* próprio à cultura do estratagema em sua versão chinesa, feito de idéias tão simples que é preciso repeti-las inúmeras vezes para conseguir integrá-las na prática. O comportamento estratégico incita a raciocinar globalmente, sem se limitar aos termos de uma situação tática e isolada ou à consideração exclusiva dos protagonistas em conflito. Fazendo isso, abre as margens de manobra favoráveis à criatividade. Hoje em dia, é mais útil *pensar grande e diversificado*, uma vez que o campo da mundialização não somente é propício para isso, como também nos força a tal. Entretanto, essa dimensão do espaço não é a única pertinente para o estratagema; a ela deve-se associar a do *tempo que transforma* e que pode ser nosso aliado, como se demonstrou nessas páginas.

A inversão dos contrários e a ação paradoxal caracterizam o pensamento chinês tradicional da estratégia. Este é gerador de liberdade e se opõe freqüentemente aos comportamentos espontâneos e ao que se acredita ser *a lógica natural e imutável das coisas*. Enfim, a cultura do estratagema incita a se distanciar ou a se descentrar de seu próprio ponto de vista, a fim de considerá-lo em um campo mais vasto, fazendo o mesmo para o jogo dos outros atores. Essa indispensável compreensão representa uma das condições da conduta da interação das vontades, o que é próprio da estratégia.

O estudo do estratagema abre para possibilidades insuspeitas e não gostaríamos de terminar esta obra sem novamente insistir no fato de que a estratégia é criativa por necessidade, mesmo na destruição. Quando coroada de sucesso, sempre apela para a imaginação. Existe pelo simples fato de que somos seres voluntários, tanto no âmbito individual quanto coletivo. Por isso, seria condenável não estudá-la no que ela representa e no leque de suas capacidades.

O leitor viu neste livro alguns exemplos de manipulações e outras manigâncias que podemos encontrar na vida quotidiana. A partir disso, cada um escolhe seus valores, define suas modalidades de ação e tira suas próprias conseqüências. Além de ensinar como atingir os fins ao menor custo, a cultura chinesa do estratagema é uma via de sabedoria que considera o curto prazo a partir de todo o potencial do longo prazo e das transformações inevitáveis que o acompanham. Alguns gostam de ver nisso um caminho para tentar pensar melhor, viver melhor e assumir suas responsabilidades em um mundo rico de possibilidades. O mais belo ensinamento da estratégia é, sem dúvida, que a liberdade jamais poderá ser totalmente reduzida. Ela sempre permanece como uma semente, e isso já é... um potencial!

Bibliografia

BEAUFRE, A. *Introduction à la stratégie*. Paris: IFRI Economica, 1985.

BOORMAN, S.A. Go et Mao, pour une interprétation de la stratégie maoïste en termes de jeu de go. Paris: Le Seuil, 1972.

BRAHM, L.J. *Negociating in China:* 36 strategies. Hong Kong: Naga Group Limited, 1996.

BRESLER, F. *La mafia chinoise*. Paris: Ph. Picquier, 1991.

CLAUSEWITZ, C.V. *De la guerre*. Paris: Lebovici, 1989.

CLEARY, T. *El arte de la estrategia*: ideas creativas basadas en la antigua sabiduria china. Madrid: EDAF, 1996.

_____. *I Ching*: el libro del cambio. Madrid: EDAF, 1995.

CORBETT, J. *Principe de stratégie maritime*. Paris: Économica FEDN, 1983.

DA MATA, R. *Carnavais, malandros e heróis*: para uma sociologia do dilema brasileiro. Rio de Janeiro: Zahar, 1978.

DESTIENNE, M.; VERNANT, J.-P. *Les ruses de l'intelligence, la Métis des Grecs*. Paris: Flammarion, 1974.

FADOK, D. *La paralysie stratégique par la puissance aérienne*: John Boyd et John Warden. Paris: ICS, FEDN, 1998.

FAYARD, P. *Le tournoi des dupes*. Paris: L'Harmmattan, 1997.

_____. *Manager par la création de connaissance:* l'exemple japonais. No prelo.

_____. *O jogo da interação*: informação e comunicação em estratégia. Caxias do Sul: EDUCS, 2000.

GERNET, J. *L'intelligence de la Chine, le social et le mental*. Paris: NRF Gallimard, 1994.

GRANET, M. *La pensée chinoise*. Paris: Albin Michel, 1980.

HAICHEN, S. *The wiles of war*: 36 military strategies from ancient China. Beijing: Foreign Languages Press, 1993.

HOU, C.; LUH, L.L. *As 36 estratégias dos chineses:* a milenar sabedoria chinesa aplicada no mundo dos negócios. Rio de Janeiro: Record, 2003.

HUYGHES, F.-B. *Ecran-ennemi*: terrorisme et guerre de l'information. Paris: Zéro Heure, 2003

JAVARY, C.; FAURE, P. *Yi Jing:* le livre des changements. Paris: Albin Michel, 2002.

JULLIEN, F. *Traité de l'efficacité*. Paris: Grasset, 1996.

KAMENAROVIC, I.P. *Le conflit, perceptions chinoise et occidentale*. Paris: Ed. du Cerf, 2001. (La nuit surveillée)

KHAWAM, R. Le livre des ruses: la strategie politique des arabes. Paris: Phébus, 1991.

_____. *Les ruses des femmes*. Paris: Phébus, 1994.

KIRCHER, F. *Les 36 stratagèmes*: traité secret de stratégie chinoise. Paris: JC Lattès, 1991.

KOUAN-TCHONG, L. *Les trois royaumes*. Paris: Flammarion, 1987.

LA FONTAINE, J. *Fábulas de La Fontaine*. Belo Horizonte: Itatiaia, 1989. 2 v. (Grandes obras da cultura universal; 11)

LAU, D.C.; AMES, R.T. *Sun pin, the art of warfare*. New York: Ballantine Books, 1996.

LUTTWACK, E. *Strategy*: the logic of war and peace. Cambridge: Harvard University, 1987.

LYAUTEY, L.-H. *Le rôle social de l'officier*. Paris: Christian de Bartillat, 1994.

MAO, T.T. *Ecrits militaires*. Pékin, 1969.

_____. *La guerre révolutionnaire*. Paris, 1965.

MARCON, C.; MOINET, N. *Estratégia-rede*. Caxias do Sul: EDUCS, 2003.

MARIN, A.; DECROIX, P. *L'art subtil du management*: le jeu de go comme modèle. Paris: Ed. d'Organisation, 1989.

PHÉLIZON, J.-F. *Trente-six stratagèmes*. Paris: Économica, 2000.

PINGAUD, F. *L'awélé, jeu de stratégie africain*. Abbeville: Bornemann, 1996.

PINGAUD, F.; REYSSET, P. *L'awélé:* le jeu des semailles africaines. Paris: Chiron: Algo, 1993.

RAPHALS, L. *Knowing words*: wisdom and cunning in the classical traditions of china and greece, myth and poetic. Ithaca & London: Cornell University Press, 1992.

RETSCHITZKI, J. *Stratégie des joueurs d'awélé*. Paris: L'Harmattan, 1990.

REYSSET, P. *Le go*: aux sources de l'avenir. Paris: Chiron, 1992.

SAWYER, R.D. *The six secret teaching of the way of strategy*: a manual from ancient China in the tradition of the art of war. Boston & London: Shambhala, 1997.

SENGER, H. *Stratagèmes*: trois millénaires de ruses pour vivre et survivre. InterEditions, 1992.

SHI, B. *Trente-six stratagèmes chinois*: comment vivre invincible. Paris: Quimétao, 1999.

TSE, S. *Les treize articles*. Paris: L'Impensé Radical, 1978.

TSEU, L. *Tao Te King*: Le Livre du Tao et de la Vertu. Paris: Dervy Livres, 1980.

TZU, S. *A arte da guerra*. Rio de Janeiro: Record, 1999.

_____. *L'art de la guerre*. Paris: Hachette Pluriel, 2000. Versão recomendada pelo autor. Traduzido por LÉVI, Jean.

XIAOCHUN, M. *The thirty-six stratagems applied to go*. Santa Monica: Yutopian Enterprises, 1996.

XUANMING, W. *Brillant tactics in action*: 100 strategies of war. Singapore: Asiapac Comic Series, 1994.

_____. *Secret art of war*: thirty-six stratagems. Singapore: Asiapac Comic Series, 1996.

_____. The art of government: three strategies of Huang Shi Gong. Singapore: Asiapac Comic Series, 1995.

_____. *The art of management*: sixteen strategies of Zhuge Liang. Singapore: Asiapac Comic Series, 1994.

_____. *The practice of effective leadership*: six strategies for war. Singapore: Asiapac Comic Series, 1994.

YATES, R.D.S. *Five lost classics*: Tao, Huang-Lao, and Yin-Yang in Han China. New York: Ballantine Books, 1997.

YUAN, D. *Tracing dao to its source*. New York: Ballantine Books, 1998.

IMPRESSÃO:

GRÁFICA EDITORA
Pallotti
IMAGEM DE QUALIDADE

Santa Maria - RS - Fone/Fax: (55) 3220.4500
wwww.pallotti.com.br